Ich war ein Wolfskind aus Königsberg

Ursula Dorn

Ich war ein Wolfskind aus Königsberg

Biographischer Roman

Kommentiert von PD Dr. Winfrid Halder

> *Bibliografische Information der Deutschen Nationalbibliothek:*
> *Die Deutsche Nationalbibliothek verzeichnet diese Publikation in der*
> *Deutschen Nationalbibliografie; detaillierte bibliografische Daten sind im*
> *Internet über http://dnb.d-nb.de abrufbar.*

Hinweis

Das Werk einschließlich aller seiner Teile ist urheberrechtlich geschützt. Jede Verwertung außerhalb der Bestimmungen des Urheberrechtsgesetzes ist ohne schriftliche Zustimmung des Verlags unzulässig und strafbar. Dies gilt insbesondere für Vervielfältigungen, Übersetzungen, Mikroverfilmungen und die Einspeicherung und Verarbeitung in elektronischen Systemen.

Danksagung

Autorin, Verlag und Lektorat danken Herrn PD Dr. Winfrid Halder für seinen umfassenden und vielschichtigen Kommentar.

In memoriam Prof. Dr. Horst-Peter Hesse, der den Erstkontakt zur Autorin ermöglicht hat.

3. Auflage	März 2011
© 2008 – 2011	edition riedenburg
Verlagsanschrift	Anton-Hochmuth-Straße 8, 5020 Salzburg, Österreich
Internet	www.editionriedenburg.at
E-Mail	verlag@editionriedenburg.at
Lektorat	Dr. Heike Wolter, Obertraubling
Satz und Layout	edition riedenburg
Herstellung	Books on Demand GmbH, Norderstedt

ISBN 978-3-902647-09-2

*Für meinen Sohn Klaus
und meine Enkelin Janina*

Inhalt

Prolog
Neunzehnhundertzweiundneunzig   9

Hintergründe: Wolfskinder
Eine Einführung von Heike Wolter (Lektorat)   13

Ich war ein Wolfskind aus Königsberg   17
Woher ich komme   19
Kinderwelt in Königsberg?   21
Kleine Fluchten   23
Im Krieg   25
Leben im Dunkel   28
Bleiben oder gehen?   31
Die Russen kommen   33
Wie Viehzeug getrieben   35
Ins Ungewisse   37
Auf dem Treck   41
Zurück nach Königsberg   46
Vogelfrei   48
Wo ist Oma?   51
Überleben   52
Betteltouren   55
Die Geschichte mit dem Hund   60
Hungerwinter 1946   63
Nur weg von hier   65
Nach Hause   69
Mit Mutter von Königsberg nach Kaunas   72
Raus aufs Land   75

Nimm dich in Acht!	77
Zwischen Sehnsucht, Angst und Trauer	81
Einsiedelei	83
Immer nur weiter	85
Über Litauen	89
Ein kleines Menschenkind	91
Tägliches Drama	93
Herberge gegen Arbeitskraft	95
Ein wenig Sonne	98
Ewig im Kreis?	101
Womit haben wir das nur verdient?	104
Endlich eine Bleibe	109
So was wie Alltag	111
Wiedersehen und Abschied	115
‚Du Germansky?'	119
Russland, Polen oder Deutschland?	122
In der Heimat? In der Fremde?	132
Lager Siebenborn	134
Gerade das Allernötigste	136
Ein Neuanfang	140
Suchdienst München: ‚Herbert Wedigkeit sucht seine Eltern.'	143
Epilog – Was danach geschah …	149

Die Last der Erinnerung
Ein Kommentar von PD Dr. Winfrid Halder	153
Kooperationspartner	169

Prolog
Neunzehnhundertzweiundneunzig

Brief an den Präsidenten der Litauischen Republik, Vytautas Landsbergis, am 5. Februar 1992

Sehr geehrter Herr Präsident!
Sie werden sicher erstaunt sein, von einer einfachen Frau aus dem Land Deutschland Post zu bekommen. Aber ich musste es einfach aus meinem Herzen heraus tun.
Hier ist kurz mein Vorleben!
Ich bin 1935 in Königsberg, dem heutigen Kaliningrad, geboren und habe den schrecklichen Krieg 1945 voll miterlebt, war dann 10 Jahre alt. Nach 1945 trat die schwerste Zeit meines jungen Lebens an. Mein Vater war Soldat in Russland und ist bis heute noch als vermisst gemeldet. Meine Mutter hatte 5 Kinder, das älteste war ich. In der Zeit von April 1945 bis Ende 1946 waren 2 dann verhungert, und ich habe mich als 10-jähriges Kind in einen russischen Munitionstransportzug, der bei Nacht und Nebel per Bahn nach Russland über Kanas/Litauen fuhr, reingeschmuggelt und bin dann so auf dem Bahnhof von Kanas in Litauen gelandet. Nun stand ich mutterseelenallein da in einer total fremden Welt für mich. Ich machte mich fortan auf den Weg in ungewisse Etwas. Ich musste feststellen, dass die Leute alle so gut waren und mir überall, wo ich hinkam immer zu Essen und Trinken gaben. Auf diese Weise habe ich bis Oktober 1948 ihr Land und Leute als Kinder-Bettlerin und jeden Tag eine Strecke von bis zu 20 Kilometern und mehr kennen- und liebengelernt. Habe auch große Gefahren überstehen müssen, wenn sich in manchen Ortschaften und Wäldern nachts Partisanenkämpfe abgespielt haben und ihre Landsleute und kleine Bauern im Land ermordet wurden, bei denen ich manchmal nachts Quartier bekommen hatte. Es waren für mich furchtbare Augenblicke, die ich bis heute nicht vergessen kann. So wie die Erlebnisse in Königsberg. 1948 wurde ich dann mit vielen, vielen Tausenden deutscher Kinder von den russischen Besetzern in LKW's nach Kanas transportiert, die sie überall im Land aufgesammelt hatten und zum größten Teil elternlos waren. Von dort aus wurden wir dann registriert und dachten, es geht ab nach Sibirien, aber es war anders. Wir wurden über Königsberg und Polen in verblombten Güterzügen nach Eisenach/Thüringen in die ehemalige DDR gebracht. Wurden dann nach 5 Wochen Quarantäne im Land aufgeteilt. Ich bin dann noch 5 Jahre in der damaligen DDR gewesen und habe da die Schule besucht. Konnte überhaupt kein Deutsch mehr, sondern nur etwas russisch und perfekt Litauisch. Es war sehr schwer für mich, habe sehr fleissig geübt und gelernt, auch noch einen Beruf erlernt und bin dann 1953 in den westlichen Teil von Deutschland geflüchtet über Berlin.
Seit dieser Zeit lebe ich hier und bin verheiratet sowie berufstätig und habe einen Sohn, der es weitaus besser hat als wie es mir ergangen ist.
Nun, Herr Präsident, es war weitaus viel mehr, aber das war die Kurzfassung.
Nun zum eigentlichen Brief: Ich möchte, und das ist mein sehnlichster Wunsch im Sinne bestimmt vieler tausender, heute erwachsener, deutscher Menschen, die das gleiche schwere Schicksal in ihrem Lande erlebten und von den liebevollen, freundlichen litauischen, gastfreundlichen Menschen praktisch vor dem Tod gerettet wurden, ein großes Dankeschön aussprechen. Und bitte geben Sie das auch mal ganz öffentlich im Fernsehen bekannt, damit das auch alle ihre Landsleute mal erfahren, was die alle Gutes an unseren Kindern nach 1945 getan haben. Danke, Danke, Danke.
Hiermit habe ich mir, was mir schon lange im Herzen lag, runtergeschrieben. Auch möchte ich mal sehr gerne wieder ihr Land besuchen, das wäre ein großer Herzenswunsch von mir. Es ist für mich, bei aller Liebe zu Königsberg, mehr Heimat geworden als mein Geburtsort.
Nun hoffe ich, Herr Präsident, dass Sie diesen für mich wertvollen Brief auch lesen dürfen und ihn auch veröffentlichen. Vielleicht schreiben Sie mir auch mal, dass ich weiß, ob der Brief angekommen ist.
Es grüßt Sie und ihre lieben Landsleute von ganzem Herzen ihre *Ursula Dorn*

vielen Dank!

LIETUVOS RESPUBLIKOS AUKŠČIAUSIOJI TARYBA
SUPREME COUNCIL OF THE REPUBLIC OF LITHUANIA
OFFICE OF THE PRESIDENT

Vilnius, den 19 März 1992

Sehr verehrte Frau Ursula Dorn,

Im Namen des Präsidenten des Obersten Rates der Republik Litauen, Vytautas Landsbergis, möchte ich mich bei Ihnen fur Ihre Schreiben und Ihre Interesse an Litauen, bedanken.

Wir antworten auf Ihren Brief von 5. Februar 1992 und teilen mit, dass wir uns mit Ihren Brief aufmerksam bekanntgemacht haben.

Wir werden Ihren Brief in die unsere staattliche Zeitung "Lietuvos aidas" bringen und drucken lassen.

Mit grosser Herzlichkeit möchte ich bei Ihnen fur Ihre Hochachtung gegenuber dem litauschen Volk Dankeschön sagen.

Mit freundlichen Grüssen

Asta Bogušienė
Sekretärin fur Aussenkorrespondenz

Hintergründe: Wolfskinder
Eine Einführung von Heike Wolter (Lektorat)

Wolfskinder

Wie hungrige Wölfe schlugen sich nach den Wirren des Zweiten Weltkrieges deutsche Kinder durch Polen und Litauen, um sich selbst am Leben zu erhalten oder mit ihren Bettelzügen das Nötigste für ihre Familien zu finden. Von einer behüteten Kindheit war nichts zu spüren. Elend und Angst prägten die Entwicklung der Kinder.

Am Ende des Zweiten Weltkriegs, nach der Einnahme Ostpreußens durch sowjetische Truppen 1945, fanden Kinder oft ihre Familien nicht mehr wieder oder Mutter und Vater waren verhungert, vertrieben oder ermordet worden. Sie waren auf sich allein gestellt.

Die historische Forschung geht von etwa 25.000 solcher Kinder aus, die allein oder in kleinen Gruppen durchs Land zogen. Etwa 5.000 von ihnen gelang die Flucht nach Litauen. Dort wurden sie meist von den Litauern für einige Zeit mit versorgt. Doch nur kleine Kinder, die sich ihrem neuen Leben rasch anpassten, Litauisch lernten und ihren deutschen Hintergrund vergaßen, blieben dauerhaft in den Familien. Alle anderen wurden, nachdem man sie eine Zeitlang aufgenommen, aber auch als billige Arbeitskräfte eingesetzt hatte, weiter geschickt. Dies geschah vor allem aus der eigenen Not und der Angst heraus, von sowjetischem Militär gestellt zu werden. Dann drohte nämlich die Deportation der eigenen Familie.

Viele Wolfskinder sind auf ihren Wanderungen ums Leben gekommen – verhungert, entkräftet, erschlagen. Andere blieben in Litauen, bauten sich dort ein

Leben auf. Wieder andere – etwa 200 – siedelten nach Deutschland um. Oftmals mit dem Lebensmotto: ‚Sei froh, dass du lebst; vergiss, was war; schau nach vorn!'

Nur vorsichtig suchen sie nun nach den Spuren ihrer Identität. Das Zurückblicken aber ist es, was dieser ‚vergessenen Generation' (Sabine Bode), die zwischen allen Fronten stand, helfen könnte.

Das hat auch die Autorin, Frau Dorn, erkannt, wenn sie schreibt, sie habe sich mit diesem Buch alles ‚runtergeschrieben'.

Ich war ein Wolfskind aus Königsberg

Biographischer Roman von Ursula Dorn

Woher ich komme

Meine Eltern waren Asta Wedigkeit, geborene Hauke, und Franz Wedigkeit. Meine Mutter war das zwölfte Kind ihrer Eltern Irma und Gustav Hauke. Es waren selbstständige Schiffersleute, und meine Mutter heiratete meinen Vater Franz am 13. April 1935 in Königsberg.

Am 19. April 1935 wurde ich, ebenfalls in Königsberg, geboren. Nach mir kamen noch vier Geschwister. Eine Schwester und drei Brüder. Ich wuchs dann bis zu meinem sechsten Lebensjahr auf einem Kahn meiner Großeltern auf, denn meine Eltern fuhren zu dieser Zeit auch auf dem Kahn mit. Als ich dann zur Einschulung kam, mieteten meine Eltern eine Wohnung in Königsberg. Wir wohnten am Unterhaberberg. In der Nähe war auch die Schule, in die ich dann bis zu meinem fast zehnten Lebensjahr reinging. Zwischendurch zogen wir noch mal um. Zur Stadtmitte, Vorstädtische-Langgasse 139. Meine Großmutter Irma zog dann auch in die Stadt, weil mein Großvater zwischendurch verstorben war, und ihre Söhne übernahmen die zwei Schifferkähne. Oma Irma zog zum Kontiner Weg, und da war auch ein Schrebergarten mit Häuschen dabei, in dem sie dann alleine wohnen wollte.

Wir Kinder waren ganz froh darüber, immer zu Oma hinfahren zu können. Ich habe mich oftmals in die Straßenbahn gesetzt, die genau vor unserer Haustür hielt. Ich bin dann ohne zu bezahlen nach Oma hingefahren. Ich bin auch sehr oft über Nacht dageblieben und von dort aus zur Schule gefahren, aber immer ohne Geld. Die Schaffner kannten mich schon und lächelten immer, wenn ich da saß. Meine Oma bekam ja auch nur wenig Rente und konnte uns nicht immer Geld schenken. Für einen Groschen von ihr waren wir schon überglücklich und gingen uns dann ein paar Bonbons kaufen. Oma hatte im Garten etliche Beerensträucher, und die räuberten wir immer leer im Sommer. Es schmeckte uns eben alles, was da so wuchs.

Mein Vater wurde 1939 zum Militär eingezogen, und somit war er gleich nach Frankreich hintransportiert worden mit vielen anderen Männern, die ihre jungen Familien allein lassen mussten. Keiner ahnte, dass damit das große Leiden für alle beginnen sollte. Auch für meine Mutter mit ihren, zu der Zeit, vier Kindern ging es los. Der Ernährer für die Familie fehlte hinten und vorne, obwohl mein Vater auch nicht viel verdiente. Er kam auch aus einer kinderreichen Familie mit noch weiteren acht Geschwistern. Da hatte eben auch nur jeder das Nötigste.

Auf jeden Fall, wir Kinder haben unseren Vater sehr vermisst und ich besonders, denn ich hing sehr an ihm. Konnte mich immer mit Vater sehr gut unterhalten. Er nahm auch meinen Bruder Herbert und mich oftmals auf Landtouren mit dem LKW mit, wenn er die Bäcker mit Mehl beliefern musste oder von den Mühlen vor Königsberg das Mehl holte, um die Silos am Pregel wieder aufzufüllen. Es machte uns große Freude, wenn wir mitfahren durften. Aber das war nun alles Vergangenheit für uns. Der Vater war weg, und wir trauerten alle um ihn. Ab und zu kam ein Brief von der Front an uns, und so bekamen wir wenigstens ein Lebenszeichen von ihm. Urlaub war nicht zu erhoffen, aber eines Tages kam was ganz Besonderes. Er schickte aus Frankreich ein Paket an uns mit ganz toller Schokolade und noch anderen Süßigkeiten, und für meine kleine Schwester Eva und mich waren zwei schöne Kleider ganz in weiß drin. Die sahen so schön aus, und wir waren darüber ganz stolz. Meine Brüder Herbert und Hans hatten jeder ein kleines Holzauto bekommen. Die Freude war ganz groß für uns alle, aber der Vater fehlte uns trotzdem.

Kinderwelt in Königsberg?

Die Zeiten wurden immer schlechter. So langsam begannen bei uns die militärischen Luftangriffe der russischen Armee über unserer Stadt, und man musste überall aufpassen, wenn man auf der Straße war. Das ganz Gefährliche waren die Bordwaffenbeschüsse. Die Flieger kamen immer im Tiefflug über die Hausdächer. Es war ganz schlimm.
Auch die Lebensmittelversorgung wurde für uns alle immer schlechter. Es gab alles auf Lebensmittelmarken, wie Butter, Zucker, Mehl und Brot. An Obst war überhaupt nicht mehr zu denken. Auch Kleidung gab es kaum noch und wenn, dann nur auf Bezugscheine. Es war schon furchtbar. Ich hatte kaum noch ein Paar Schuhe zum Anziehen. Zu uns kam auch immer ein Mann von der Kreisverwaltung und forderte meine Mutter auf, doch auf dem schnellsten Weg die Stadt zu verlassen. Weil wir ja eine kinderreiche Familie waren, hatten wir Vorzug vor allen, aber meine Mutter stellte sich auf stur und dachte gar nicht daran, Königsberg zu verlassen. Wenn sie es gemacht hätte, wäre uns allen

viel Unheil erspart geblieben, das noch auf uns zukommen sollte.

Unsere Kinderwelt sah für uns alle sehr traurig aus. Gespielt haben wir fast gar nicht mehr, draußen ging es nicht, wegen der Granateneinschläge, und somit wurden wir ganz automatisch Kellerkinder, die kaum noch an die Luft kamen. Einmal hatte ich großes Glück. Bei uns vor der Haustür hielt ein großes Militärauto und war randvoll mit Schuhen beladen. Ich erkannte die glückliche Lage und fragte einen Soldaten nach einem Paar Schuhe für mich und meine Geschwister. Er sagte, geh rauf und such dir welche aus. Ich wühlte so lange, bis ich etwa meine Größe gefunden hatte und für meine Geschwister habe ich ungefähr die Größen erwischt, die passen könnten. Die waren alle mit Schnüren zusammengebunden. Ich habe mich dafür bedankt und lief mit vollen Armen zu meiner Mutter hoch, die hat nicht schlecht gestaunt, was ich da anschleppte. Nun ging das große Anprobieren los. Sie passten nicht hin und nicht her, aber wir trugen sie, auch wenn es anschließend Blasen an den Hacken gab.

Mit der Schule ging es jetzt auch immer mehr bergab wegen der vielen Luftangriffe. Mal war Unterricht und dann mal wieder nicht. Oftmals mussten wir, wenn die Sirenen heulten, in den Schulluftschutzkellerräumen das Ende der Luftangriffe abwarten. Das war dann ein Gekreische von den Kindern da unten.

Eines Tages war dann ganz Schluss, und wir durften nicht mehr zur Schule gehen. Ich konnte es nicht begreifen, dass ich nicht mehr dorthin konnte und schlich mich heimlich von zu Hause weg, um nur zu gucken, ob sie wieder auf war.

Kleine Fluchten

Manchmal, wenn es ruhig in den Straßen war, dann lief ich schnell zu meiner Tante Agnes hin, die wohnte nur ein paar Blöcke weiter, das war von meiner Muter die ältere Schwester. Dort fühlte ich mich immer ganz wohl. Es war dort immer so gemütlich. Wir haben dann mit ihrer Tochter Karin, die schon 16 Jahre alt war, manchmal schön gefrühstückt und uns was erzählt, was ich bei meiner Mutter nie erlebt habe. Ich weiß auch nicht warum, aber so was hat sie mit uns Kindern nie gemacht. Auch habe ich Agnes beim Nähen an der Nähmaschine zugesehen, wenn sie für ihre Tochter was schneiderte. Mich hat das alles schon interessiert. Was Karin zu klein wurde, bekamen ich und meine kleine Schwester geschenkt. Es wurde dann von Tante Agnes umgeändert. Wir freuten uns über die schönen Sachen.

    Bei uns zu Hause sah es nämlich nicht so rosig aus. Meine Mutter war dazu noch eine starke Raucherin, und da wurden sogar unsere Buttermarken für umgetauscht, um ans Rauchmaterial dranzukommen. Da ich die ältere Tochter war, musste ich immer in der Nachbarschaft los und die Marken umtauschen. Den Kindern wurde somit das bisschen, was ihnen ja zustand, auch noch entzogen. Deshalb haben Tante Agnes und meine

Mutter auch oftmals Auseinandersetzungen gehabt. Die konnte das wohl auch nicht verstehen.

Sie hatte dann auch eine Bekannte namens Sahm kennen gelernt, und die gingen dann auch mal öfters weg und wir blieben bei den schwierigen Verhältnissen mit den Luftangriffen im Keller oder in der Wohnung zurück. Ich musste immer aufpassen, weil ich ja die Ältere war und hatte selbst furchtbare Angst gehabt, dass uns was passieren könnte.

Meine Mutter hat dann einen Soldaten kennen gelernt. Er und andere hatten sich bei uns im Schrebergartengelände als Einheit einquartiert. Dort hatten wir eine schöne, große Laube und waren auch oftmals im Sommer vor den Angriffen dort gewesen, um dort Wochenenden zu erleben. Nun aber ging das nicht mehr. Wenn es noch still über der Stadt war, haben wir uns rausgewagt, und das war selten der Fall. Nur meine Mutter ging jetzt öfters dorthin wegen ihres Freundes. Aus dieser Beziehung wurde dann mein kleiner Stiefbruder Max geboren. Für meinen Vater, der lange Zeit nicht dagewesen war und eines Tages auf Urlaub kam, brach wohl die ganze Welt zusammen, als er das Kind sah. Ich kann mich genau an den Gesichtsausdruck erinnern. Darauf folgte ein fürchterlicher Ehekrach zwischen Vater und Mutter, und wir wussten gar nicht, was da los war, mussten alles voll großer Angst miterleben. Wir haben alle fürchterlich geweint, und dann ist mein Vater weggegangen und kam ein paar Tage nicht wieder, obwohl wir immer sagten, wo ist unser Papa? Er kam aber nicht heim. Dann stand er doch plötzlich vor uns. Wir hingen alle an Papa. Jeder hatte wohl ein Recht darauf, mal bei ihm auf dem Schoß zu sitzen und ihn zu liebkosen. Ich glaube, er hat es auch genossen, von allen Kindern umarmt zu werden. Nur für den Kleinsten war kein Gefühl da. Der wurde noch nicht mal richtig angeguckt, aber wir Kinder hatten ihn alle so lieb und verwöhnten ihn. Er war dann noch ein paar Tage bei uns, und dann musste er wieder weg. Wir waren alle sehr traurig darüber und hätten ihn so gerne bei uns gehabt.

Jetzt wurde mein Vater nach Russland versetzt mit seiner Einheit, und keiner wusste für wie lange. Wie mag es wohl zwischen meinen Eltern gewesen sein? Der Abschied! Wir wussten es nicht, nach der ganzen Enttäuschung für unseren Vater.

Im Krieg

Unsere Spiele auf der Straße wurden von Tag zu Tag gefährlicher für uns. Manchmal schafften wir es noch, bis zu unserer Oma Irma zum Schrebergarten hinzukommen und haben dann auch bei ihr geschlafen, wenn es uns zu gefährlich war, wieder nach Hause zu gehen. Denn die Straßenbahnen fuhren auch nicht mehr regelmäßig wegen der Luftangriffe. Irgendwie schafften wir es immer, hin und her zu kommen.

Am Kontiner Weg, wo Oma den Garten hatte, kamen fast täglich viele Matrosen vom Hauptbahnhof an, ihren Dienst im Hafen auf der Schichauwerft anzutreten, wo sie alle auf Kriegsschiffe mussten. Wir haben uns dann einen Spaß gemacht und sie gefragt, ob wir ihre Sachen ein Stück mittragen könnten? Sie lachten uns meistens an und gaben uns was zu tragen. Dafür bekamen wir dann auch etwas Geld oder Süßigkeiten, und wir strahlten vor Freude. Denn die Soldaten bekamen ja so was alles. Wir mussten aber immer aufpassen wegen der Tiefflieger von den Russen. Einmal mussten wir auch bei Oma bleiben und schafften es nicht mehr bis zum Luftschutzbunker, der vom Garten aus ganz in der Nähe stand. Mein Bruder Herbert sowie Bruder Hans, Oma und ich legten uns lang auf den Fußboden, den wir vorher mit einigen Decken ausgelegt hatten. Wir hatten alle Angst. Später sind wir dann eingeschlafen vor Müdigkeit. Dabei hatten wir gar nicht bemerkt, dass bei meinem Bruder Hans in der Nacht was an seinem linken Ohr rumgeknabbert hatte. Am Morgen lag er da und war ganz blutverschmiert und keiner wusste, was das wohl gewesen war. Dann sagte meine Oma, das wird wohl eine Ratte gewesen sein, und wir hatten auf einmal richtige Angst.

Das Holz und die Kohle wurden auch immer knapper, und wir gingen dann auf den, bei uns am Schrebergarten liegenden Verschiebebahnhof, wo manchmal Kohlewaggons abgestellt waren. Wir haben uns heimlich welche von den Waggons runtergeholt, aber das musste blitzschnell gehen, denn es liefen dort immer Bahnposten umher. Wir aber waren ja schon ganz schön pfiffig im Organisieren und hatten auch immer Glück dabei. Manchmal haben wir auch auf den Schienen zwischen den Waggons gespielt. Es war sehr gefährlich, aber es hat uns großen Spaß gemacht. Ein Onkel von mir, der ging immer im Hafenbecken bei den Schichauwerften mit einem Kahn, Kohle mit einem Kescher aus dem Hafenbecken fischen. Da fuhr ich immer mal mit. Dann bekamen wir auch ein paar davon ab. So hielten wir uns immer über Wasser.

Meine Oma Irma zog dann zu ihrer Tochter Agnes in die Wohnung mit ein, denn die Luftangriffe wurden jetzt immer stärker, und sie konnte in dem Schrebergarten nicht mehr allein bleiben. Einen großen Angriff hatten wir ja schon hinter uns und zwar waren es die Engländer. Die hatten es geschafft, innerhalb von zwei Stunden in der Nacht, so um zwei Uhr, die ganze Innenstadt in Schutt und Asche zu legen. Es war furchtbar. Die Sirenen gingen los, jeder wurde aus dem Schlaf gerissen. Alles lief auf den Straßen umher. Es gab überhaupt keine Ordnung mehr. Die Menschen schauten zum taghellen Himmel hinauf, es glitzerte alles in der Luft von Stanniolpapier, das die Flugzeuge vorher abgeworfen hatten. Sie hatten sich zu einem riesigen Kreuz in der Luft über der Innenstadt verteilt, und wir liefen alle um unser Leben. Wir konnten es gerade noch bis zu dem Luftschutzbunker am Oberhaberberg (Hauptbahnhof) schaffen. Ich werde es nie vergessen. Durch die hohe Druckwelle von dem Bombenabwurf fielen die ganzen Menschen im Bunker um. Ich habe vor Angst gleich gebrochen und gedacht, jetzt sind wir gleich alle tot. Es folgten nacheinander Einschläge ohne Ende, und die ganze Innenstadt stand in Flammen. Aber keiner konnte helfen.

Zum Morgen hin hatte es dann nachgelassen, und einige mutige Leute verließen dann so langsam den Bunker. Wir standen noch voller Angst im Körper herum und trauten uns gar nicht raus. Es war auch noch keine Entwarnung gegeben worden. Da sahen wir auf einmal unsere Tante Agnes mit ihrer Tochter Karin und Oma, alle kreideweiß im Gesicht vor lauter Angst. Sie waren ganz baff, uns hier zu sehen. Die waren am anderen Ende vom Bunker reingekommen, und da auch alles dunkel war, konnten wir uns nicht vorher sehen. Nun fassten wir den Entschluss und gingen, wie alle anderen Leute, nach draußen. Es war furchtbar, alles brannte, und jeder tastete sich in die Straßen, soweit es möglich war. Wir hatten großes Glück gehabt. Das Haus, in dem wir wohnten, war heil geblieben. Tante Agnes war so aufgeregt; wir mussten dann erst alle mit ihr gehen und sehen, ob ihre Wohnung in der Knochenstraße heilgeblieben war. Aber wir sahen schon von weitem, dass die ganzen Häuser in Schutt und Asche lagen. Wir brachen alle in Tränen aus und haben uns alle aneinandergeklammert vor Verzweiflung.

Nun hatten die drei kein Zuhause mehr. Alles war weg, nur das nackte Leben hatten sie. Sie blieben erstmal vorübergehend bei uns, bis sich einigermaßen alles beruhigt hatte. Tante Agnes bemühte sich dann um eine andere Wohnung, und es dauerte nicht lange, dann bekam sie eine am Unterhaberberg zugewiesen. Sie waren sehr froh darüber, denn es wuchs uns über den Kopf mit so vielen Personen in unserer nicht allzu großen Wohnung und davon meistens noch im Luftschutzkeller. In unserer Verwandtschaft wurde alles für die Drei zusammengesucht, was noch übrig war, um es denen einigermaßen wohnlich zu machen.

Leben im Dunkel

Fortan war es schon schwierig, auf den Straßen umherzugehen. Es gab auch am Tage mehrmals schon Bordwaffenbeschuss aus der Luft und das immer im Tiefflug. Die Leute liefen fast immer an den Hauswänden entlang. Wenn ich bei uns gegenüber zum Bäcker hingehen wollte, dann musste ich ganz derbe aufpassen, dass ich nicht von einem Geschoss getroffen wurde. Die waren überall gegenwärtig in der Stadt.

Unser Leben spielte sich fast nur im Luftschutzkeller ab, weil es die Sirenen gar nicht mehr schafften, die Leute zu warnen. Einmal waren wir oben in der Wohnung (4. Etage), weil meine Mutter versuchen wollte, mal ein anständiges Mittagessen für uns alle zu kochen. Sie hatte es geschafft, tags zuvor was vom Fleischer zu ergattern. Es sollte Gulasch geben, und wir freuten uns sehr darauf. Als wir in unserer Wohnung oben waren, hörten wir einen furchtbaren Knall, und wir lagen alle auf dem Fußboden. So eine Stalinorgel hatte unser Nachbarhaus getroffen. Auch unser Haus hatte einen Teil davon abbekommen, es gingen die ganzen Fensterscheiben zu Bruch, Türen flogen auf, und die Möbel kippten zum Teil um. Wir lagen, zu Tode erschrocken, alle auf dem Fußboden und trauten uns gar nicht mehr hoch. Meine Mutter rief dann ganz laut „Alle aufstehen und schnell ab in den Keller!". Wir rasten alle zum Treppenhaus runter. Überall lagen Scherben rum. Als wir unten ankamen, saßen die anderen Mitbewohner alle ganz blass in ihren gewohnten Ecken rum. Meine Mutter ist dann vor lauter Angst erstmal nicht mehr nach oben gegangen. Später haben wir uns nach oben begeben, um zu sehen, was alles an Schaden entstanden war. Es war nicht mehr viel heil geblieben von den Möbeln. Das, was noch zu retten war, haben wir geordnet. Die Fenster wurden mit Pappe, die wir erst aus Kellerräumen organisieren mussten, zugenagelt, denn es war ja auch noch eine eisige Kälte draußen. Zum Wohnen war das alles sowieso nicht mehr. Unser Hauptlager war der Keller geworden.

Zum Frühjahr hin bekamen wir Kinder alle den Keuchhusten. Das war ganz furchtbar, und es dauerte

Wochen, bis einigermaßen Ruhe einkehrte. Es gab keine ärztliche Hilfe für uns, denn wer wollte noch unter den Beschüssen riskieren, rauszugehen. Die Krankenhäuser waren voll mit verwundeten Soldaten, so dass für die Bevölkerung kein Platz mehr war. Mein kleinster Bruder bekam eine Lungenentzündung dazu. Nun hatten wir Tag und Nacht keine Ruhe mehr, einer war immer am Husten. Meine Mutter hatte mit Max zu tun, und ich half den größeren Brüdern bei den Anfällen, zum Teil auch meiner kleinen Schwester Eva. Wir haben uns, wenn es möglich war, an die offenen Kellerschächte gestellt wegen der frischen Luft. Unsere Mitbewohner halfen auch so gut es ging mit.

Unser kleinster Bruder hat es nicht überstanden. Er war erst neun Monate alt und verstarb an einem Morgen um 10:00 Uhr. Es war für uns alle sehr schlimm. Er wurde dann unter ganz schwierigen Umständen auf dem Ponather Friedhof beerdigt. Nur meine Mutter ganz alleine konnte da noch hin. Für uns wäre es zu gefährlich gewesen, mit dabei zu sein.

So langsam ging das mit dem Keuchhusten für uns vorbei, aber wir waren alle noch mehr geschwächt als vorher. Es fehlte eben die nötige Nahrung für uns. Die Schule war jetzt schon seit Wochen ganz geschlossen, weil die Beschüsse in und vor der Stadt von Tag zu Tag stärker wurden. Es ging schon alles drunter und drüber. Zum Keller kamen immer Leute aus der Nachbarschaft rüber, deren Häuser schon kaputt waren, und die alle nur notdürftig darin gewohnt hatten. Wir hatten bis jetzt immer noch Glück gehabt.

Eines Tages kamen bei uns im Keller zur Straßenverteidigung ein paar ganz junge Soldaten im Alter von nicht älter als 14, 15 Jahren rein und stellten sich auf ein paar Holzkisten vor die Kellerschächte mit dem Blick nach draußen zur Straße hoch. Sie hatten sich vorgenommen, auf diese Art die feindlichen Russen zu beschießen. So wurde es uns gesagt. Die Leute im Keller haben nichts davon gehalten und konnten es gar nicht fassen, dass man doch noch fast halbe Kinder zu diesem Zweck benutzte. Die Uniformen, die sie anhatten, und die Mäntel dazu waren so lang, dass sie das ganze Uniformgelumpe hinter sich her schleppten.

Bleiben oder gehen?

Es wurde von Tag zu Tag schlimmer, und nun kamen auch ständig Leute zu meiner Mutter und sagten: „Frau Wedigkeit, Sie mit Ihren Kindern müssen raus aus Königsberg! Es ist nicht mehr viel Zeit für Sie. Es fahren noch ein paar Schiffe in Richtung Dänemark über die Ostsee mit verwundeten Soldaten. Da können noch ein paar kinderreiche Familien mitkommen." Aber meine Mutter hat sich dazu nicht bewegen lassen.

Warum? Habe ich nie verstanden, denn sie hätte doch an ihre noch lebenden vier Kinder denken müssen. Obwohl ihre Schwester Agnes und auch Oma Irma immer wieder sagten: „Asta, mach dich weg mit die Kinder!", half es nichts. Sie tat es nicht. Zu einem Beamten sagte sie: „Sie können mir die Pistole an die Brust setzen. Ich bleibe hier!" Für uns alle war es Wahnsinn, so zu denken.

Als dann auch noch, kurz bevor der Russeneinmarsch in Königsberg bevorstand, mein Vater schwer verwundet von Russland herkam und in ein Krankenhaus auf den Hufen eingeliefert wurde, war es natürlich für sie ganz vorbei, noch irgendwohin zu fliehen. Mein Vater hatte schon sehr viel Elend gesehen und flehte meine Mutter an, sie solle sich doch wegmachen, aber auch das half nicht. Wir schafften es nur einmal, meinen Vater im Krankenhaus zu besuchen. Er erzählte uns von dem Gemetzel und den Gräueltaten außerhalb von Königsberg, und wir hatten alle furchtbare Angst, was uns wohl noch allen bevorstand. Die Russen wurden von den deutschen Soldaten auch immer wieder aus kleineren Ortschaften zurückgetrieben. Es ging alles hin und her, aber ohne Ende. Mein Vater war dann so einigermaßen von seiner Schulterverletzung geheilt, aber nicht ganz. Da bekam er schon wieder den Einsatzbefehl, an die Front zu fahren und das zehn Tage vor dem russischen Einmarsch in die Stadt. Es hat uns allen wehgetan, unseren Vater wieder zu verlieren und keiner wusste, dass es für immer war. Er kam nie wieder zurück aus Russland.

Unsere Tante Agnes kam zu uns, hat sich quasi an den Hauswänden langgedrückt vorm Bordwaffenbeschuss und sagte: „Ich fahre mit Karin weg über die Ostsee, solange noch irgendwo ein Schlupfloch ist, aber die Oma, die können wir nicht mehr mitnehmen. Die ist schon zu kränklich und schafft das nicht mehr." Wir waren alle baff, denn nun hatte ja meine Mutter auch noch, außer uns, die Oma zu betreuen. Naja, die kamen dann und brachten uns Omas Habseligkeiten, und somit hatten wir noch einen, an den wir uns anlehnen konnten bei unserer täglichen Angst. Die Leute im Keller wurden von Tag zu Tag nervöser. Alle saßen da mit finsteren Mienen, und keiner wusste, was auf ihn zukam in den Tagen und Nächten. Wir hörten nur noch Stalinorgelgeräusche. Wir sahen aus Kellerlöchern heraus nur noch brennende Häuser. Unsere Tür vom Luftschutzkeller flog vor lauter Luftdruck auf und zu. Es war schon unerträglich. Die jungen Soldaten, die bei uns im Keller hockten, zitterten vor Angst und konnten auch nicht weg, weil ja der Befehl lautete: Verteidigung! Die Leute sagten immer zu ihnen: „Lauft weg und macht, dass ihr nach Hause kommt."

Sie taten es dann auch schließlich. Wohin sie gegangen sind, wer weiß. Nun bemerkten alle immer wieder, es musste was passieren. Der Zustand war unheimlich geworden. Sie munkelten, der Russe steht schon kurz vor der Stadt, und wir merkten es auch alle.

Die Russen kommen

Am 9. April 1945, früh morgens um fünf Uhr, war es dann so weit. Wir hörten durch Schüsse und Einschläge von Granaten gar nicht, dass über unserem Haus Brandsätze flogen und das Ganze über uns in Flammen stand. Der obere Teil vom Haus war schon weg, und das Treppenhaus brannte. Meine Mutter und andere Leute liefen die Gänge im Keller entlang und wollten sehen, ob wir noch die Möglichkeit hatten, da lebend rauszukommen. Der Qualm kroch schon durch alle Fugen. Nun kamen sie alle ganz aufgeregt und schreiend zurückgelaufen. Sie schrien: „Wie kommen wir bloß nach draußen?"

Plötzlich drangen fremd klingende Schreie zu uns ans Ohr. Es waren die Stimmen von Frauen und Männern in russischer Sprache. Die waren vom Nachbarkeller, der zur einen Wand durchgebrochen wurde, hergekommen. Von uns aus konnten wir nicht dorthin. Sie kamen alle nacheinander, mit aufgepflanztem Bajonett, zu uns in den Keller. Als erste vorneweg die Russinnen. Wir waren erstarrt vor Angst. Die standen vor uns, zerrten an den Leuten herum und brüllten voller Wut die Worte: „Hurrae, Hurrae, Hurrae!" und immer wieder dasselbe, aber keiner von uns wusste, was das war.

Auf einmal sprang eine Russin vor meine Mutter hin und brüllte abermals die Worte: „Hurrae, Hurrae!" Meine Mutter griff dann zum Wecker und wollte ihr den geben, sie glaubte, die wollten wissen, wie spät es wohl sei, und die schrie los vor Wut. Sie richtete das Gewehr auf meine Mutter. Wir klammerten uns in Todesangst an die Mutter, und die Frau ging ein paar Schritte zurück. Sie wollte nicht die Zeit wissen, sondern eine goldene Armbanduhr. Meine Tante Helga, die auch mit ihrem Sohn Harald vor ein paar Tagen noch zu uns gekommen war, sagte zu uns: „Asta, gib ihr die Uhr, sonst knallt die dich ab." Sie bekamen die Uhr und von allen übrigen Leuten ebenfalls und hauten ab. Dahinter kam gleich der nächste Schub und wühlte den ganzen Keller durch.

Wir sahen schon unserem Ende entgegen. Der Qualm wurde immer stärker, und wir hatten Angst, nicht mehr aus dem brennenden Haus rauszukommen. Plötzlich drehten sich die letzten Russen um und trieben uns alle aus dem Keller raus. Durch den Durchgang ging es schleppend, aber wir waren im Herzen heilfroh, nicht bei lebendigem Leibe verbrennen zu müssen. Das Nachbartreppenhaus war auch schon von Flammen umzingelt, aber wir haben es geschafft. Nun standen wir im Flur und sahen das Flammenmeer auf der Straße.

Panzer wühlten sich zur Stadt rein, und die Menschen wurden ihnen entgegengetrieben von den Russen.

Wie Viehzeug getrieben

Dann stürmten plötzlich Russen auf uns zu. Sie schrien hinter uns her und riefen „Dawai, dawai, dawai!" und viele Leute bekamen auch die Gewehrkolben auf den Rücken geknallt, so wie meine Tante Helga, die brach fast zusammen vor Schmerz. Als wir alle aus dem Haus raus waren, trieben sie uns wie Viehzeug die Straße hoch.

Es war ein Chaos mit den vielen Leuten, fast nur Frauen mit Kindern und alte Leute rannten durcheinander. Wir hatten uns an unsere Mutter wie die Affen geklammert und eine panische Angst, wir könnten auseinander gerissen werden. Als wir so etwa 200 Meter weiter waren, an der Oberhabergschen Kirche, da bemerkten wir, dass unsere alte Oma plötzlich nicht mehr zu sehen war. Meine Mutter war aufgeregt und wollte umdrehen, um sie zu suchen, was ja überhaupt nicht möglich war. Die Russen trieben uns ja wie Rindviecher immer weiter. Da gab es kein Zurück für niemanden. Meine Mutter schrie nur immer nach ihrer Mutter, aber vergebens. Sie war weg. Dann schrie sie meine Tante Helga an: „Pass auf die Kinder mit auf, sonst gehen die uns auch noch verloren!"

Ich klammerte mich nun mit meinem Bruder Hans an Tante Helgas Händen fest und zog immer weiter, mit dem Gedanken geplagt, wo mag bloß unsere Oma hin sein? Wir weinten alle und konnten es nicht fassen, sie nicht mehr bei uns zu haben. Wir riefen immer wieder: „Oma, Oma, wo bist du?" Aber sie blieb weg.

Es ging in einem Treck von Menschen am Hauptbahnhof vorbei über die Gleise vom Verschiebebahnhof. Überall lagen tote Soldaten, Deutsche sowie Russen. Es sah schrecklich aus, wie verstümmelt die waren. Ich schrie einmal los vor Entsetzen, denn ich sah einen russischen Panzer auf uns zukommen. Der machte dann eine Wende nach rechts, und da lag ein verwundeter deutscher Soldat, und den hat der Panzer dann zermalmt und das vor unseren Augen. Ich sah noch, wie der Körper sich bewegte. Es war furchtbar, wir schrien alle auf vor Angst.

Plötzlich fiel meine Mutter über die Schienen. Sie bekam einen Tritt von einem russischen Soldaten. Es war ein Gesicht, wie ich es noch nie im Leben gesehen hatte: breit und schlitzäugig. Wir schrien alle. Ich habe so was Hässliches noch nie gesehen. Der riss meiner Mutter das einzige Gepäckstück aus der Hand und haute damit ab. Es war der Koffer mit unseren Papieren von uns allen. Anderen Leuten ging es nicht anders. Es war eine Beuteabnahme. Jetzt hatten wir nur noch das nackte Leben zu verteidigen oder zu verlieren.

Wir wurden weiter getrieben in Richtung Ponath, einen Vorort. Wir waren schon so kaputt vor lauter Durst und Hunger, aber wir wussten ja, dass es nichts gibt. Also ging es immer weiter weg. Ich sah auf einmal einen blauen Tretroller auf der Straße liegen. Den schnappte ich mir und stellte meine kleine Schwester Eva da drauf und schob sie von nun an. Denn die war ja erst vier Jahre alt und konnte nicht mehr richtig mit uns mithalten. Mein Bruder Herbert und ich wechselten uns immer ab mit dem Schieben. Wir hatten unsere liebe Not, alle zusammenzubleiben bei den Wirrnissen. Bis jetzt hatten wir nichts als nur Leichen gesehen, in allen

Richtungen lagen sie rum. Nun, als wir aus Pohnat raus waren, mussten wir auf die Landstraße rausziehen.

Da kam dann eine Bewaldung rechts und links, und wir mussten alle stehen bleiben. Alle dachten, was ist jetzt los, und die Angst kroch uns förmlich den Rücken hoch. Die Russen gingen in die Menge der Menschen rein und holten sich die Frauen raus. Die Menschen schrien alle vor Angst. „Nein, nein, nein!" Aber es half nichts. Sie zerrten und trieben sie in den Wald rein. Sie rissen ihnen die Kleider vom Körper und stürzten sich auf sie. Für uns Kinder brach eine Welt vor Entsetzen zusammen, wir mussten alle mit ansehen, wie junge und ältere Frauen barbarisch vergewaltigt wurden und das so bestialisch, dass die Soldaten hintereinander bei den Frauen standen und einer nach dem anderen gewartet hat. Von diesen Frauen kam keine mehr zu dem Treck zurück, die waren zum Teil zu Tode gerichtet worden bei so viel Quälerei. Das zog sich bis in die Nacht rein, und am nächsten Tag, morgens, sahen wir sogar einige vergewaltigte Frauen an den Bäumen hängen. Halbnackt und blutig. Es war ekelhaft für uns, es anzusehen. Die Russen hatten es als Abschreckmittel für uns alle gemacht und für die deutschen Soldaten. Die sollten das auch sehen, wenn sie da vorbeigetrieben wurden. Wir Kinder haben uns die Hände vor die Augen gedrückt und nur geschrien vor Angst, es könnte mit unserer Mutter genauso geschehen.

Ins Ungewisse

Irgendwo kam dann eine Erleichterung auf, als die Russen schrien, alles aufstehen, und dann, einige Zeit später, ging es weiter aufs Land raus. Überall auf beiden Straßenseiten lagen in und an den Straßengräben Frauen, Kinder und Soldaten umher, zum Teil totgeschlagen, vergewaltigt oder auch gefallen. Wer weiß es? Dann lagen überall geklaute und zerrissene Sachen umher, aber keiner von uns durfte auch nur ein Stück davon anfassen. Wir mussten immer weitergehen und hatten alle gar keine Kraft mehr, es noch lange durchzuhalten.

Die ersten blieben schon auf der Strecke liegen, und keiner kümmerte sich um sie; es kam der Selbsterhaltungstrieb jedes Menschen durch nach dem ersten Elend. Die da zurückblieben, bekamen noch als Abschied von den russischen Soldaten eines mit dem Gewehrkolben übergeknallt, und dann war es das Ende für sie. Als wir wieder eine Zeit lang so langsam vor uns her trotteten, kam auf einmal ein Russe auf mich zu und riss mir den Tretroller aus der Hand. Meine kleine Schwester stürzte um und konnte kaum noch laufen. Nun musste meine Muter sie auf die Schultern heben und tragen. Das ging aber auch nicht lange, dann war die Kraft weg. Meine Tante Helga löste sie dann ab, und so ging das ständig hin und her.

Wir weinten vor Erschöpfung, Durst und Hunger, aber es gab nirgendwo was für uns. Die Verzweiflung unter den Menschen wurde von Tag und Stunde immer schlimmer. Das bemerkten die Russen. Da hatten die sich wohl einen Plan für uns ausgearbeitet. Wir kamen an einem großen Platz an und sahen im Hintergrund ein Gut stehen. Da sahen wir nur russische Soldaten, die schleppten die geklauten Sachen von Menschen vor uns hin und her. Sie schrien sich dabei gegenseitig an wie Tiere, und wir konnten kein Wort verstehen. Wir entdeckten dort auf einmal einen Brunnen, und alle stürzten dort hin, um das erste Mal was Richtiges zu trinken. Die Menschen haben sich richtig geschlagen um ein bisschen klares Wasser. Wir hatten von Tante Helga eine Getränkeflasche und die füllten wir ein paar Mal, um uns alle satt zu trinken. Nun wurden wir wieder zusammengetrieben und durften den Platz nicht verlassen. Die Menschen schrien, dass wir alle Hunger hätten und das immer wieder. Aber keiner hat uns was gegeben. Es ging zum Abend zu, und die Menschen hatten große Angst, was uns wohl bevorstand.

Es ging eine Zeit hin, und plötzlich kamen eine ganze Menge Russen in die Menschenmenge, sie sagten wieder: „Dawai, dawai, poschli!", und die Leute rannten alle durcheinander. Sie mussten sich in Reihen aufstellen, und dann kamen sie auf uns zu, zählten immer mit den Fingern auf die Leute zeigend: „Ras, dwa, dri, raus! Ras, dwa, dri, raus!" Das hieß, jede dritte Person aus der Reihe musste raus und immer eine Frau war es dann. Die Frauen mussten sich links hinstellen, waren es ein Mann oder ein Kind, dann hieß es nach rechts. Dann wurden die Frauen in eine Scheune und die Männer sowie Kinder in einen Stall getrieben.

Es brach die Panik unter den Leuten aus, aber es half nichts. Die mussten das alles über sich ergehen lassen. Die Frauen schrien nach ihren Kindern. Die wurden dort wieder auf die grausamste Art vergewaltigt, und die Männer... es waren ja nur alte Opas. Denen wurden alle Uhren und Ringe von den Russen abgenommen, und sogar ihren Mund mussten sie öffnen, die wollten sehen, ob die Männer Gebisse mit Goldzähnen hatten. Die solche hatten, mussten die Gebisse abgeben, es war schlimm, das als Kind mit anzusehen. Von der Scheune kamen dann vereinzelt ganz zerschundene Frauen zu dem Stall rüber und suchten ihre Kinder. Zum

Teil blutverschmiert, halbnackt und völlig teilnahmslos ließen sie sich irgendwo auf den Fußboden fallen. So auch meine Tante Helga. Sie war mit ihrem Leben am Ende, sie hat nur geweint. Ihr Sohn Harald und meine Mutter versuchten mit Stroh, sie von dem Blut zu reinigen, aber es ging nicht weg. Das war für den elfjährigen Harald und für uns ein Schock, so was zu sehen.

Keiner durfte den Stall verlassen, überall standen Wachposten mit aufgepflanzten Bajonetts umher und hatten uns alle im Blickfeld. Wir hatten furchtbare Angst, was wohl als Nächstes kommen würde. Am Abend kamen dann auf einmal russische Frauen in Uniformen und Gewehren auf uns zu, guckten sich alles an und gingen dann auf die Frauen zu, die noch Pelzmäntel anhatten. Sie forderten sie auf, die Mäntel auszuziehen und gingen damit weg. Die Frauen standen nun bei der Kälte ohne Mäntel da und froren furchtbar. Einige Leute zogen sich ihre Strickjacken aus und gaben sie ihnen. Wir wurden immer noch bewacht, und alle dachten, was haben die nur noch mit uns vor. In der Nacht ging es erneut mit den Vergewaltigungen weiter.

Meine Mutter und Tante Helga hatten so eine furchtbare Angst, dass sie vielleicht mit mussten. Wir Kinder krochen eng zusammen und rafften dabei so viel Stroh zusammen, dass wir meine Mutter und Tante Helga darunter versteckten. Zum Teil saßen wir noch auf ihnen, dass die Russen das nicht bemerkten. Wir hatten großes Glück, sie kamen heil davon. Am frühen Morgen wurden wir alle auf den Hof raus- und später in die Scheune reingetrieben. Da bekamen wir alle etwas Wasser zu trinken und eine Scheibe russisches Brot. Das war so schwer wie Blei und schmeckte schrecklich, aber der Hunger hat es reingebracht. Wir mussten den ganzen Tag dort bleiben und wurden immer bewacht. In der folgenden Nacht holten sich die russischen Soldaten wieder Frauen aus der Scheune raus, und alle schrien vor Verzweiflung. Uns ergriff die Panik, und wir rannten mit meiner Muter zu einem Heuhaufen hin und meine Tante mit Sohn hinter uns her. Wir krochen, so schnell wir konnten, in den Haufen und rührten uns nicht vom Fleck weg. Später müssen wir wohl vor Übermüdung eingeschlafen sein und wurden am anderen Morgen erst durch die Rufe der russischen Soldaten wach.

Als ich so im Heu rumkrabbelte, stieß ich an einen harten Gegenstand und dachte, es wäre vielleicht einer von unseren Geschwistern und machte den Gegenstand frei mit meinen Händen. Ich war so erschrocken vor Angst, als ich sah, dass es ein deutscher Soldat ohne Kopf war. Mich ergriff die Panik, und ich schrie ganz laut nach meiner Mutter. Ich zitterte am ganzen Körper und musste mich sofort übergeben. Die russischen Soldaten kamen sofort zu uns und sahen sich erstmal um. Dann zogen sie den Soldaten aus dem Heu und legten ihn mitten in den Stall. Es sollte wohl eine Abschreckung für uns alle sein. Meine Mutter und die anderen Geschwister hielten mich ganz fest an sich gedrückt, und so langsam kam wieder Ruhe in mich. Die Leute weinten fast alle über so viel Brutalität, und der Soldat blieb dann da auch liegen.

Auf dem Treck

Wir wurden alle zusammengetrieben und mussten uns draußen aufstellen. Es kam ein russischer Lastwagen, und es sprangen ein paar Soldaten runter. Wir dachten, jetzt geht es ab, aber es kam anders. Wieder reichten sie uns ein wenig Wasser zum Trinken und eine Scheibe von dem Bleibrot, das so schmeckte, als wäre es in Autoöl gebacken worden. Es mundete uns aber trotzdem. Nach Stunden ist vielen Leuten so schlecht geworden, und sie mussten sich auf der Landstraße im Treck übergeben. Es war bestimmt vom Brot gekommen. Wir hatten wohl Recht gehabt mit dem Autoöl. Auch uns wurde es zum Abend hin hundeelend und wir mussten brechen. Vielen ging es schon so schlecht, dass sie nicht mehr mit uns weiter konnten. Sie blieben im Straßengraben zurück, und keiner kümmerte sich um sie. Jeder trachtete nach seinem eigenen Leben.

Wir verbrachten die Nacht an einem Waldrand, die Soldaten bewachten uns von allen Seiten. Die Frauen versuchten, sich unter Bäumen zu verstecken, aber sie wurden überall entdeckt, und viele mussten auf die Lastwagen rauf. Sie wurden dann wieder vergewaltigt und....... immer die Schreie. Meine Mutter hatte bis jetzt wohl einen Schutzengel gehabt, meine Tante dagegen, die hatten sie schon mehrere Male geholt.

Als der Tag anbrach, ging es wieder zur Straße hin, und alle wurden wie Vieh darüber getrieben. Die Leute waren schon so geschwächt, dass sie immer langsamer gingen. Das passte den Russen nicht, und sie schlugen mit ihren Gewehren um sich. Viele Leute schrien auf vor Schmerzen, aber das störte die nicht und die machten weiter. Meine Mutter bekam auch einen Schlag ins Kreuz und flog vor Schmerzen zu Boden. Aber der Lebenswille ist dann so stark. Sie raffte sich auf und schleppte sich mit uns weiter.

Auf einmal sahen wir Menschen ohne Ende auf uns zukommen aus entgegengesetzter Richtung. Es waren alles deutsche Soldaten, die wohl zu einer Sammelstelle hingetrieben wurden. Die wurden bewacht und durften nicht stehen bleiben, um sich mit uns zu unterhalten. So gingen alle aneinander vorbei, ohne ein Wort zu jemandem zu sagen, sonst hätten die vermutlich Schläge erhalten. Da waren die ja auch ganz groß, wie wir später feststellen mussten.

Als wir nun etliche Stunden marschiert waren und die Kräfte von uns allen immer weniger wurden, müssen die Russen wohl einen Plan für uns ausgearbeitet haben. Sie hielten uns alle an und machten, immer in Form von Zeichensprache zum Mund hinzeigend, uns deutlich, dass wir wohl alle was zu essen bekommen sollten. Es kam anders. Sie trieben uns von der Landstraße runter auf zum Teil mit Brettern ausgelegte Wege, und auf einmal bemerkten die Leute, dass das eine Falle war, denn der Boden unter uns bewegte sich. Wir mussten feststellen, dass es ein Moorgebiet war. Alle bekamen große Angst und liefen durcheinander. Dann sahen wir schon einzelne Leute im Morast einsinken, die kamen nicht wieder raus. Es war grausam, wie die um Hilfe riefen, und keiner konnte helfen. Wir Kinder haben furchtbar geschrien: „Mama, Mama, halt uns fest!" Wir klammerten uns wie Affen an meiner Mutter fest, um nicht von den Brettern abzukommen. Meine kleine Schwester Eva kam plötzlich zu Fall und rutschte vom Brett runter. Sie steckte plötzlich auch in dem Sumpf, und eine Frau hinter ihr hat sie dann geistesgegenwärtig rausgezogen. Sie war ganz voll Schlamm, aber wir zogen sie an uns und waren glücklich, sie gerettet zu haben.

Als wir so einige Strecken gelaufen waren, ohne uns irgendwie umzusehen, sahen wir in einiger Entfernung einen großen Stall stehen, und alle ahnten schon wieder, was die Russen wohl mit uns vorhatten. Viele Frauen versuchten noch zu fliehen, aber es war zwecklos. Die kamen nicht weit. Das Moor hat sie verschlungen. Das war für uns alle bis jetzt das Schlimmste, was wir so als Kinder gesehen hatten. Nun wurden die Menschen in die große Scheune reingetrieben, und es standen auch schon wieder die russischen Soldaten da und warteten auf uns. Sie suchten sich gleich wieder die Frauen aus und stießen sie im hinteren Gebäude auf den Boden. Wir drückten unsere Mutter in der Ecke zu Boden und legten uns auf sie. Nun war sie durch unsere kleinen Körper so ziemlich zugedeckt und bekam wohl kaum Luft dadurch, aber sie hielt durch, und wir standen vor Angst nicht mehr auf. Die Soldaten stürzten sich mit heruntergezogenen Hosen auf die Frauen. Es war für uns solche Gräueltaten, dass uns Kindern das Herz vor Angst fast stehen blieb. Man konnte es gar nicht fassen, dass ein Mensch so etwas tun kann, ohne dass sich das Gewissen regt. Diese schrecklichen Sachen sind das, was ich im ganzen Leben nicht überwinden werde und auch nicht vergessen kann, so was mit zehn Jahren gesehen zu haben. Meine kleine Seele hat dabei einen großen Knacks im Leben bekommen.

Wir sind die ganze Nacht bei meiner Mutter drauf hocken geblieben und wussten gar nicht, wo meine Tante Helga mit Harald geblieben war. Am anderen Morgen lag unsere Tante Helga nicht weit von uns entfernt mit Harald hinter uns neben einem Stapel Holz, und sie hatten sich mit Stroh zugedeckt, und so hatte sie in der Nacht großes Glück gehabt. Nun wurden alle, die noch gehen konnten, wieder rausgetrieben. Halb nackt zum Teil, sie hatten alles zerrissen. Es ging dann wieder weiter ohne Essen und Trinken. Deshalb kamen auch viele vor Durst und Hunger nicht mehr weiter. Als wir so auf der Landstraße waren, fing es an, zu regnen, und wir haben regelrecht die Tropfen aufgefangen, um nur was Nasses an den Mund zu bekommen. Später haben sich die Leute zu Boden geworfen, um zu trinken, was in den Pfützen war. Auch meine kleine Schwester Eva trank daraus. Ein paar Tage danach bekam sie die Ruhr und viele andere Leute auch. Es gab dafür von niemandem ein Medikament, und die Leute wurden immer schwächer.

Meine Mutter wusste sich zu helfen. Als wir durch ein zerstörtes Dorf getrieben wurden, hat sie immer Ausschau nach einem verkohlten Balken oder Holz gehalten. An einem abgebrannten Haus brach sie aus dem Treck aus und lief so schnell sie konnte auf so einen Balken zu und kratzte mit bloßen Händen etwas Schwarzes heraus und kam schnell zu uns zurück, aber keiner tat ihr was. Sie rieb die Masse kaputt und gab sie Eva zu essen. Widerwillig hat sie es genommen und das jeden Tag, bis es aufgebraucht war. Es gab nichts zur Heilung. Sie war so schwach geworden, dass wir sie alle abwechselnd getragen haben. Uns schlossen sich immer mehr Menschen an, die von irgendwoher kamen.

Ein paar Tage später kamen wir an einem Platz an, wo nur Baracken standen. Berge von Granaten lagen dort umher. Da wurden wir alle draufzu getrieben. Die Frauen sowie die alten Männer mussten die Granaten auf Lastwagen stapeln. Dieses hielt sich bis zur Dunkelheit, und zwischendurch wurden auch Schläge verteilt für die Leute, die nicht mehr so richtig konnten. Wir Kinder mussten das alles mit ansehen. Immer haben wir geweint vor Angst, dass unseren Müttern was zustoßen könnte. Die Nacht darauf mussten alle in die Baracken rein. Die waren aber so dreckig, dass sich keiner traute, sich auf dem blanken Boden hinzulegen. Die Müdigkeit und die Schwäche haben uns überwältigt.

Am Morgen gab es wieder ein bisschen Wasser und ein Stück „Ölbrot". Die Leute fraßen es wie Tiere rein. Wir hatten in der ganzen Zeit der Flucht noch keine warme Mahlzeit erhalten, nur das Wasser und Brot. Einige Stunden später mussten wir wieder weiterziehen durch Felder und kleinere Ortschaften, die menschenleer waren. In Ortschaften durften wir aber niemals haltmachen. Warum? Das wusste keiner von uns. Wenn es so war, dass wir zum Halten gebracht wurden, dann nur auf freier Strecke oder wo Scheunen und Ställe waren.

Zurück nach Königsberg

Das Ganze zog sich so etwa fünf Wochen hin, und dann bemerkten wir alle, dass es wieder in Richtung Königsberg zurückging, nur von einer Strecke aus einer anderen Richtung her. Es war kein Lebensmut mehr da bei Jung und Alt. Nach einer langen Nacht auf einem freien Feld wurden wir frühmorgens alle wieder zusammengetrieben, ständig bewacht von den Russen, dass ja keiner irgendwo weglaufen könnte. Dann wurde abgezählt, wie viel Frauen, Kinder und alte Leute da waren. Ein großer Teil war ja schon vor Schwäche, Vergewaltigungen und Hunger verstorben. Wir durften sie noch nicht mal beerdigen. Die Menschen nahmen das auch teilnahmslos hin, weil sie ja nicht wussten, ob sie selber die Nächsten waren.

Nun sahen wir schon die ersten Ruinen von Königsberg, und irgendwie kam Hoffnung bei den Menschen auf. Aber bis dahin wusste noch keiner, was uns noch erwartete. Wir kamen wieder nach Pohnat rein und wurden in Richtung Schichauwerften getrieben. Dann befanden wir uns am Unterhaberberg und sahen tote Pferde aufgebläht auf einer langen Straße liegen. Ebenso viele verweste Menschenkörper lagen umher. Es war für uns alle die Hölle, so etwas vorzufinden. Alle Häuser waren in Schutt und Asche, nur Berge von Unrat, Gerümpel sowie noch brennende Häuser sahen wir. Es war für uns kaum ein Durchkommen. Es sollte stadteinwärts gehen.

Plötzlich mussten wir alle anhalten, denn es ging schon auf den Abend zu, und wir wurden aufgeteilt in Gruppen von ca. 30 Personen. Unsere Gruppe, zu der auch Tante Helgas Sohn gehörte, wurde nun in ein halbwegs heiles Haus reingetrieben. Wir mussten uns aufteilen, 15 Personen in das rechte und der Rest in das gegenüberliegende Zimmer. Keiner wusste, warum. Zu vorgerückter Stunde bekamen wir wieder mal ein bisschen Wasser zu trinken. Es wurde von den Russen in großen Zinkeimern angeschleppt, und jeder bekam ein halbes Ölbrot dazu. Es schmeckte furchtbar, aber es wurde gegessen wie Kuchen, so ausgehungert waren wir alle.

Es durfte keiner den Bau verlassen. Die Notwendigkeiten mussten wir alle auf dem Hinterhof verrichten. Es war furchtbar, auch da noch beobachtet zu werden. Später, als die Leute sich zum Teil auf den Boden geschmissen hatten, um mal zu schlafen, war das nicht möglich, denn auf einmal hörten wir draußen ein Geschrei. Es waren Russen, die zu uns kamen. Mit Stablampen in den Händen leuchteten sie umher. Alle waren geblendet, und sie befahlen uns aufzustehen. Dann suchten sie sich wieder die Frauen aus, wie immer, wenn es Nacht wurde. Die nahmen, wen sie wollten. Unsere Tante Helga war auch wieder dabei. Die Frauen wurden alle nach hinten in den Flur getrieben. Da war ein Raum, wo sie alle rein mussten. Im Freien, auf der Strecke im Treck, klang das schon furchtbar für uns Kinder, aber hier in den Räumen war das noch schrecklicher. Mein Cousin Harald hat dagesessen und sich nur die Ohren zugehalten, denn seine Mutter war ja dazwischen. Als sie Stunden später zu uns zurück kam, war sie wie tot und hat nur starr vor sich hingeguckt und nichts mehr gesprochen. Eine Weile danach wurde sie von Weinkrämpfen gepackt und hat am ganzen Körper fürchterlich gezittert. Wir konnten ihr nicht helfen.

Vogelfrei

Die Russen hatten alles in Schande verlassen. Wir hatten festgestellt, dass unsere Wachposten, die uns wochenlang geschändet hatten, plötzlich weg und wir auf einmal vogelfrei waren. Von nun an ging jeder seinen Weg, ohne den anderen im Nacken zu haben. Die Russen lagen in den Straßen und Ruinen ebenso umher, wie unsere Landser und Zivilisten. Wir kletterten nur über Tote. Es war schrecklich. Wir hatten nur ein Ziel, und das war, uns etwas Essbares zu besorgen. Nun stöberten wir jedes Eckchen durch, was noch halbwegs heil geblieben war, um was zu finden. Aber Tausende von Menschen taten es ebenso. Jeder wollte essen und trinken.

Unserer Mutter ihr Gedanke war, ihre eigene Mutter wieder zu finden. Wir zogen so recht und schlecht durch die Straßen, die von Leichen übersät waren. Es stank erbärmlich. Der Ruinenschutt machte es uns sehr beschwerlich weiterzukommen. Allgegenwärtig natürlich das russische Militär. Es hat ein paar Tage gedauert, bis wir unsere vorherige Wohnung erreicht hatten, und alle dachten wir, dass unsere Oma vielleicht den Luftschutzkeller im Haus, wo wir gewohnt hatten, erreicht hätte. Aber als wir da ankamen, war keiner mehr im Keller. Es stand nur noch ein ausgebranntes Haus als Ruine da wie alle anderen Häuser auch. Die Enttäuschung war groß für meine Mutter. Der Keller war mit Bettfedern übersät. Die zurückgebliebenen Betten hatten die Russen alle aufgeschlitzt. Fassungslos verließen wir dann unsere Bleibe und wussten nicht, wohin. Dann mussten wir uns nach einer neuen Behausung umsehen, aber überall, wo wir hinsahen, gab es nur Ruinen und Schuttberge. Wir sahen aus diesem Schutt auch Leichenteile rausragen und dachten, da könnte unsere Oma drunterliegen. Das waren furchtbare Gedanken von uns.

Nach einer ganzen Zeit hatten wir dann etwas gefunden, wo wir übernachten konnten. Es war auf der Horst-Wessel-Straße in der Nähe vom Hauptbahnhof zwei halbwegs heile Zimmer in der unteren Etage eines Hauses mit vier Wohnungen früher, die alle bruchfällig und von den Russen total kaputtgeschlagen waren. Unsere Mutter und wir Kinder lagen erstmal in der folgenden Nacht alle auf dem blanken Fußboden und waren froh, so halbwegs schlafen zu können.

Nun zogen wir tagsüber los und suchten nach allem Brauchbaren, was wir noch verwerten konnten, aber überall, wo wir was zu finden glaubten, in Kellern und Ruinen, bot sich uns ein Chaos. Wir fanden ein paar Gläser eingekochtes Obst und freuten uns wie Könige, schleppten es zu unserer Mutter und hatten etwas zu essen. Die Russen suchten ebenfalls alles ab, um etwas Essbares zu finden. Die Soldaten hatten selbst keine richtige Verpflegung. Für die gab es jeden Tag nur Hirsebrei (Kascha) an der Gulaschkanone. Da hatten die für uns nichts mehr übrig. Kartoffeln bekamen die stückweise in rohem Zustand zugeteilt, und die wurden dann auf offenem Feuer aus Steinen und Holz an der Straße, wo sie sich gerade befanden, gegart. Wir Kinder haben die Gegend belagert und standen da wie ausgehungerte Geier. Hinter jeder Feuerstelle standen wir und hofften, mal eine Kartoffel zu bekommen. Oftmals bekamen wir einen Stein oder mehrere zugeworfen aus Wut, dass es ihnen vielleicht peinlich war, uns nichts geben zu können, weil sie selbst nichts hatten. Das spielte sich jetzt jeden Tag so ab. Jeder von uns Geschwistern ging am Morgen seinen eigenen Weg und niemals zusammen. Jeder dachte nur an sich selbst. Das wurde schon sofort von allen Kindern in der ganzen Stadt übernommen.

Wir waren also Straßenkinder geworden, die nur noch nach was Essbarem bettelten oder suchten. Wir mussten dazu noch auf uns selbst aufpassen, dass wir nicht von anderen, älteren Menschen überfallen und beklaut wurden. Die zwei Zimmer, die wir nun unser eigen nannten, wurden so gut es ging mit zwei Betten, die wir in einem Keller gefunden hatten, eingerichtet. Federbetten kannten wir nicht mehr. Es wurden nur noch die eigenen Anziehsachen über uns gelegt und schlafen konnten wir auch nicht mehr richtig, denn die Russen gingen des Nachts ein und aus in den notdürftigen Wohnstätten der Deutschen. Es gab ja nur noch alte Leute, Kinder und Frauen, und da überall die Türen offen bleiben mussten, laut Stalins Befehl, konnten sich die russischen Soldaten die Frauen und Mädchen, selbst alte Omas rausholen, wie sie gerade wollten und sie anschließend vergewaltigen. Selbst an Ort und Stelle taten sie es. Da wurde keine Rücksicht auf Kinder genommen. Die mussten alles miterleben.

Wo ist Oma?

Meine Mutter hatte jetzt nichts anderes im Kopf, als unsere Oma zu suchen. Wir machten uns jeden Tag auf die Suche nach ihr, wenn wir nicht gerade auf Betteltour waren. Wir suchten erstmal in den ganzen Straßen, wo wir zuletzt, bevor die Russen uns rausgetrieben haben, gewohnt haben, jeden Schutthaufen ab. Wo irgendwo Leichenteile rausguckten, haben wir mit bloßen Händen rumgewühlt in der Hoffnung, sie darunter zu finden, aber es war immer vergebens.

Ungefähr vier Wochen später, als wir wieder mit einem Spaten und Harke, die wir gefunden hatten, am Werk waren, kam auf einmal unsere Tante Helga mit Harald auf uns zu und war glücklich, uns auf diese Art wieder gefunden zu haben. Von da an lebten wir erstmal wieder in unseren zwei fast kaputten Zimmern zusammen, denn sie hatten noch keine richtige Bleibe gefunden. Nun hatten wir, so glaubten wir, wieder ein wenig mehr Schutz um uns rum, denn unser Cousin war ein Jahr älter als ich, und ich zog tagsüber mit ihm los, um zu betteln.

Meine Tante sagte dann mal zu meiner Mutter: „Asta! Lass uns doch mal zu Omas ehemaligem Garten am Kontiner Weg rausgehen. Vielleicht ist Oma in der Nacht, als wir sie verloren haben, dahin gegangen." Mutter meinte, das kann doch nicht möglich sein. Die mit ihren schlimmen Beinen und das Durcheinander mit den Russen in den Tagen. Aber wir versuchten es und zogen los. Es dauerte Stunden, in den verwüsteten Straßen durchzukommen, und als wir dort ankamen, mussten wir feststellen, dass in dem gesamten Gartengelände alles Russen waren. Die hatten dort Panzer und andere Gerätschaften abgestellt und wollten uns nicht dorthin lassen, wo noch die heile Laube von Oma stand.

Tante Helga, die ein paar Brocken Russisch sprach, fragte, ob wir nicht mal hingehen könnten, um nach unserer Oma zu suchen. Die willigten ein, und wir waren ganz aufgeregt. Nun gingen unsere Mutter und die Tante in die Laube rein und mussten voller Entsetzen feststellen, dass die Mutter meiner Mutter halbnackt, vergewaltigt und schon verwest mitten in ihrer Laube lag. Die schrien vor Abscheu. Wir Kinder gingen zu ihnen und konnten nicht fassen, dass das unsere Oma sein sollte. Wie schrecklich war das für uns. Mutter bettelte einen Russen an, dass sie und Tante Helga wiederkommen wollten und Oma in ihrem Garten beibuddeln wollten. Er sagte „Ja", und wir verschwanden voller Trauer.

Am nächsten Tag gingen wir wieder alle hin, und zu unserem Erstaunen war die Oma raus aus der Laube. Tante Helga ging zu einem Russen und fragte ihm, aber der jagte uns nur fort, und somit war Oma weg. Meine Mutter und wir suchten das ganze Straßengebiet ab, aber es war vergebens. Wir waren alle so traurig und unsere Mutter wurde krank darüber.

Überleben

Es begann für uns alle eine furchtbare Zeit. Jeder Tag wurde zur Überlebenskunst für jeden Einzelnen. Es gab jeden Tag neue Aufgaben zu meistern. Je mehr wir auf den Straßen lebten, umso härter wurden wir gegeneinander. Das war eben so. Wir liefen und traten über daliegende Leichen, es störte uns gar nicht mehr. Jeder wollte und suchte nur was Essbares.

Auf meiner Suche kam ich in die ehemalige Bismarckstraße. Da lag alles voller verkohlter Leichen. Die Brandbomben hatten wohl marschierende Soldaten erwischt. Ich zog voller Grauen weiter und fand an einer Hauswand einen noch intakten Handwagen. Ich freute mich wie ein König und dachte, jetzt brauchen wir uns nicht mehr mit verkohlten Balken aus den Ruinen abschleppen, um ein Feuer zu Hause zu machen. Ich habe den Wagen dann auch gleich mit umherliegendem Holz und mit Balken beladen. Fuhr dann freudig zu meiner Mutter, und die strahlten alle, als ich damit ankam.

Am nächsten Tag ging es wieder los damit. Ich durchsuchte einen Keller, wo ich dachte, etwas zu finden, kam dann auf den Hinterhof, wo viel Zeug umherlag. Da sah ich dann eine Tür halboffen stehen, die zu einem Abstellraum hereinführte. Ich sah eine große Holzkiste dastehen, wollte gerade zutreten, um die Bretter abzureißen, da sah ich zwei Füße rausgucken aus dem Bodenbereich. Ich war erstmal total erstarrt, guckte in die Kiste rein, und da lag eine tote, vergewaltigte junge Frau drin. Ich riss mich zusammen, nahm die Kiste auseinander und brachte die Latten zum Handwagen. Die Füße waren auch schon angefressen gewesen von Ratten, die in allen Ecken rumflitzten. Mir war es ganz komisch in der Magengegend, aber ich dachte: Die macht nichts mehr.

So gingen die Wochen dahin, und die Lage für uns wurde immer schlimmer. Die Stadt war ein Trümmerhaufen. Es wurde nirgendwo richtig was weggeräumt.

Überall lagen Leichen rum und der Gestank im Sommer war fürchterlich. Die Russen fingen an, am Schlossteich Massengräber anzulegen. Die Russen brachten Lastwagen für Lastwagen Kalk an und die alten deutschen Männer mussten den über die Leichen schütten, damit nicht die Pest ausbrach. Wir haben da oft gestanden und zugesehen, wenn wir gerade in der Gegend gebettelt haben.

Mit der Sauberkeit der Menschen war es auch vorbei. Wir hatten keine Waschmittel, Seife, usw. Noch nicht mal Wasser gab es richtig, da alles in Schutt und Asche lag. Nur eine Stelle war da, um einen Eimer pro Tag zu holen. Es war am Oberhaberberg ein Polizeigebäude des Stadtteils, da standen die Menschen jeden Tag Schlange, um was zu kriegen. Wir bekamen alle die Russenkrätze und Läuse. Die Krätze hatten wir so schlimm, dass sich die Läuse unterm Schorf auf der Haut hinmachten, und keiner hat uns geholfen mit Medikamenten und Ähnlichem. Unsere Mutter hat uns allen die Haare vom Kopf geschnitten, um nur besser Herr darüber zu werden, das war aber alles umsonst. Die Läuse wurden wir nicht los und auch nicht die Krätze. Es war für uns furchtbar. Wir kratzten uns den ganzen Körper wund.

Eines Tages wurden alle Deutschen zur russischen Kommandantur zusammengeholt, und wir mussten uns aufstellen. Dann haben uns russische Krankenschwestern was auf unsere Körper geschmiert, das sie aus Eimern entnahmen, und es sah aus, wie Marmelade, so rot war das Zeug. Gebrannt hat das am Körper wie Feuer. Wir mussten dann vierzehn Tage später noch mal hin, aber geholfen hat es überhaupt nicht. Mein Bruder Herbert hat die Krätze so schlimm gehabt, dass, wenn er morgens sein einziges Nachthemd auszog, es gestanden hat vor lauter Schorf daran. Meine Mutter hat immer geweint, wenn sie ihn dann so vor sich stehen sah. Sie musste es ihm immer ganz zaghaft abmachen, solche Schmerzen hatte er immer. Es dauerte eine Ewigkeit, bis das wieder besser wurde, und wir mussten da alle mit fertig werden. Es gab kein Jammern und auch keine Hilfe von irgendwoher.

Einige Wochen später hatten viele Menschen in der Stadt Typhus bekommen und starben wie Fliegen weg. Es wurde zur Seuche. Auch ich bekam es, und mir fielen die Haare am Kopf aus, die gerade wieder nachgewachsen waren von der Glatze, die wir alle von Mutter geschnitten bekommen hatten. Ich war so krank, dass ich kaum noch auf den Beinen stehen konnte. Meine Geschwister brachten mir immer von ihren Bettel- und Suchgängen was mit, aber ich konnte kaum was essen. Ich bekam von meiner Mutter immer zerdrückte Holzkohle mit etwas Wasser und schluckte es runter, aber ich hatte keinen Willen zum Weiterleben. Irgendwann ging es mir dann doch wieder etwas besser, und ich raffte mich auf. Ich ging wieder los auf Betteltour.

Betteltouren

Unser Ziel war jetzt der Verschiebebahnhof, wo die Russenzüge aus Russland ankamen und auch wieder zurückfuhren. Wenn die dann zum Saubermachen über Stunden dastanden, sind wir wie die Löwen da reingestürzt, haben alles abgesucht, aber immer vergebens. Es gab mal hier und da jemanden, der uns was gab, eine Ecke Brot oder mal ein paar Kartoffeln, aber das war Glückssache. Am meisten gingen wir dorthin, wo die russischen Soldaten lagerten, in der Hoffnung, was zu kriegen. Wir suchten den ganzen Unrat von denen durch, nach Kartoffelschalen und Ähnlichem. Es war gerade, als wenn Ratten umherkrochen, um was Essbares zu finden.

Irgendwann fand ich mal einen ganzen Fisch zwischen all dem Müll. Ich freute mich riesig und rannte damit zu meiner Mutter. „Mädel, der ist schlecht, den können wir nicht mehr essen." Ich aber bestand darauf, ihn zu kochen. Es gab nichts anderes als Wasser, um ihn zu würzen, und Mutter zog ihn ab. Er zerfiel richtig dabei. Wir Kinder haben ihn trotzdem gegessen vor lauter Hunger.

Manchmal gingen wir mit unserer Mutter auch zum Hafenbecken der Schichauwerft, wo noch im Stich gelassene Schleppkähne lagen, und wir versuchten, auf die draufzukommen, was aber kaum möglich war, weil da immer Russen standen, die die Kähne bewachten, da meistens noch was drin war: Getreide, Salz, Kohlen oder andere Sachen. Das haben die Russen alles selbst rausgeholt und für sich aufgeteilt. Wir haben regelrecht die einzelnen Körner, die verloren wurden, aufgesammelt. Über Stunden ging das. Einmal hatten die einen Sack abgestellt, und meine Mutter sagte zu uns, nun müssen wir uns alle was rausholen und taten es auch. Wir wurden dann schon von den Russen beobachtet und bekamen zur Strafe, weil wir geklaut hatten, alles wieder abgenommen, und unsere Mutter wurde daraufhin noch vergewaltigt in einem alten, daneben stehenden Schuppen. Verzweifelt gingen wir wieder zurück, und Mutter ist da nie wieder mitgegangen. Mein Cousin Harald und ich ließen uns aber nicht entmutigen, gingen ein paar Tage später wieder dorthin, und wir hatten Glück. Mein Cousin sagte: „Ulla, du hältst Wache, und ich mach' mir den Beutel voll Getreide." In der einen Ecke stand ein Wachposten, aber wir waren so schnell, dass der uns gar nicht bemerkte. Als es geklappt hatte, rannten wir, so schnell wir konnten, nach Hause, und unsere Mütter umarmten uns vor Freude. Das Getreide wurde auf der Herdplatte getrocknet, und dann haben wir es in Kaffeemühlen per Hand durchgemahlen. Daraus hat Mutter Mehlsuppe ohne Salz usw., nur mit Wasser gekocht. Das war ein Sonntagsessen für uns alle. Auch haben wir daraus Kaffee gemacht. Das ging auch auf unserer Herdplatte. Da wurden die Körner durchgeröstet und auch gemahlen. So schlugen wir uns Tag für Tag durch.

Der Zustand wurde zum Herbst und Winter immer schlimmer. Da gab es so gut wie nichts mehr, und es verhungerten tausende Menschen in Königsberg. Wir fanden auch kaum noch Holz zum Feuern. In der ganzen Stadt gab es keinen Strom. Wir saßen nur bei offenen Ofenklappen abends zusammen. Es war auch schlimm mit Wäsche waschen. Meine Mutter und Tante Helga gingen immer zum Horst-Wessel-Park. Da war ein Teich, und da haben sie sich einen provisorischen Steg gebaut, wo sie drauf standen und ihre Wäsche ausspülten. Wir Kinder gingen dann immer als Aufpasser mit, weil die Russen die Frauen vergewaltigen könnten.

Eines Tages, es war ein schöner Sonntag mit herrlichem Sonnenschein, und meine Mutter war alleine dorthin gegangen. Sie sah plötzlich einen Schatten hinter sich. Sie drehte sich blitzschnell um und schubste den Russen, der da stand, vom Steg runter. Dieser fiel ins Wasser und war erstmal untergegangen. Wir liefen sehr schnell weg und haben vom Wall aus gesehen, dass er um sein Leben kämpfte, denn er konnte nicht schwimmen. Aber wir rannten, so schnell wir konnten, zu unserer Behausung hin.

Es kam immer vor, dass sich Russen auch irgendwo noch einigermaßen heile Zimmer suchten. Sie quartierten sich uns gegenüber ein, und wir dachten, jetzt werden wir überhaupt keine Ruhe mehr vor denen haben. Es kam in uns eine große Angst auf, aber wir mussten feststellen, dass auch Familien mit Kindern dabei waren. Kinder sind neugierig, und wir machten uns aneinander ran und lernten dabei auch die russische Sprache. Zum Teil hatten sie auch Messer bei sich und standen dann hocherhobenen Blickes vor uns Bettelkinder und bedrohten uns. Wir liefen dann so schnell wir konnten zu unserer Mutter. Es gab immer Ärger.

Nun konnten wir da nicht mehr wohnen bleiben und mussten uns eine andere Bleibe suchen. Wir zogen noch am gleichen Tag mit dem Handwagen und wenigen Habseligkeiten in Richtung Unterhaberberg los. Da haben mal meine Großeltern väterlicherseits gewohnt und deren Geschwister. Wir hatten Hoffnung, dort im Viertel noch einen von denen lebend anzutreffen. Wir fanden noch ein halbwegs heiles Haus an einem Hinterhof. Es waren aber schon einige fremde Leute dort einquartiert. Gegenüber war auch ein halbbewohntes Haus. Vier Etagen hoch waren die alle. Dazwischen lag ein schmaler Hof mit einem Durchgang zur Straße. Es war irgendwie für uns alles so gespenstisch eng. Wir Kinder hatten alle sehr große Angst da drin. Es war aber Alltag, und wir gingen morgens auf Betteltour wie immer, jeder für sich. Mutter hatte sich mit einer fast gleichaltrigen Frau etwas angefreundet, die eine 14-jährige Tochter hatte, und wir mussten feststellen, dass die sich immer so schwarze Klamotten anzog und nie irgendwo alleine rausging. Nur mit der Mutter, wenn überhaupt. Wir erfuhren dann, dass sie es zum Schutz vor Vergewaltigungen tat, aber trotzdem ist sie oftmals geschändet worden. Einige Zeit später war sie wohl schwanger.

Nun wurde es draußen auch immer kälter, und wir dachten, wenn wir uns jetzt in Gegenden um Königsberg rummachen, dass wir da vielleicht auf den Feldern von bearbeiteten Äckern was Essbares finden würden. Wir zogen los mit gutem Glauben, wurden aber bitter enttäuscht, denn vor uns waren schon Hunderte da, die auch glaubten, was zu finden. Es war wie leergefegt. Also der Kampf ums letzte Überleben war angesagt. Mein Bruder Hans ging mal morgens los und kam am Abend nicht zu uns zurück. Meine Mutter war ganz aufgeregt. Wir konnten auch nichts machen, weil wir ja nicht wussten, in welche Richtung von der Stadt er gegangen war, und so warteten wir die ganze Nacht in der dunklen Stube ab. Gegen Morgen hörten wir schwere Schritte und ein klägliches Gewimmere. Gleich an der Stimme wussten wir, dass es unser Bruder war. Unsere Mutter lief zu ihm, und sie sah, dass er die ganzen Knie kaputt und blutig hatte. Auch im Gesicht war er blutverschmiert. Er war auf dem Verschiebebahnhof betteln gewesen, und da hatten russische Soldaten ihn zusammengeschlagen. Als er wieder zu sich gekommen war, hat er sich über Gleise stolpernd auf den Weg zu uns gemacht mit furchtbaren Schmerzen an Knien und Gesicht. Der kleine Kerl war mit seinen noch nicht neun Jahren sehr tapfer.

Ich hatte mich auch einige Straßen weiter mal mit einer Russenfrau angefreundet. Das war eine Soldatin in hohem Rang. Die hatte dort eine kleine Wohnung mit anderen Soldaten. Es war am Steindamm. Da es bei uns ja nur eine Wasserstelle am Polizeirevier gab, holte ich auch mal für sie zwei Eimer Wasser und das alle paar Tage. Es war ein Fußweg von über einer halben Stunde. Meine Russischkenntnisse wurden daraus auch immer besser. Ich sprach schon ganz gut, und wir mussten uns damit auch überall behaupten, um durchzukommen in dem harten Alltagsleben. Irgendwann war ich wieder einmal bei dieser Frau und sah auf ihrem Bett die Uniform von ihr liegen, da guckte so halb aus ihrer oberen Jackentasche ein Rubelschein raus. Ich dachte, das musst du haben, egal wie, um auf dem Schwarzmarkt ein Stück Brot für uns alle zu kaufen. Sie war im anderen Zimmer, und ich packte die Gelegenheit beim Schopf, nahm den Schein, ging dann noch zu ihr rein und fragte, ob ich nun noch Wasser holen sollte. Sie sagte Ja, und ich nahm die Eimer und zog freudig los. Ich lief erst zu meiner Mutter, übergab ihr das Geld und holte das Wasser. Wieder zurückgekommen, übergab ich das Wasser, die Russenfrau gab mir ein Stück Brot wie immer, und ich lief nach Hause. Das ist eben Not, und die hält vor nichts zurück.

Die Geschichte mit dem Hund

Dann zog über uns ein Mann ein. Er war Schuster und besohlte für die russischen Soldaten die Schuhe ab und zu. Eines Tages kamen zwei Russen zu ihm, die hatten einen Hund unten am kaputten Lattenzaun gebunden. Mein Cousin und ich sahen den, und da sagte Harald: „Ulla, den holen wir uns und schlachten ihn." – „Du bist verrückt!", sagte ich. „Wir brauchen was zu essen!", kam die Antwort zurück. „Es muss schnell gehen. Los, wir holen den rein!" Und schon ging die Aktion los. Es war ein schwarz-weißer Mischling. Harald war der Täter, er nahm ihn auf die nicht funktionierende Toilette mit und haute ihm eine Axt vor den Kopf. Dieser schrie auf, und Harald bekam die Panik, stopfte den Hund in einen Sack und lief schnell zum Keller runter. Wir tappten durch die Kellerdurchgänge der Nebengebäude, und er schlug ihn dann ganz tot. Mir war ganz mulmig dabei, aber der Gedanke, dass wir dadurch etwas Essbares bekommen, vertrieb alles andere im Kopf.

Wir gingen mit dem Hund im Sack zurück. Harald sagte: „Nun müssen wir ihn abziehen, aber das machen wir in der Wohnung." Meine Mutter lag schon seit ein paar Tagen schwer krank im einzigen Bett, was wir uns in der Behausung teilen mussten und konnte nicht aufstehen. Als wir angekommen waren, legten wir das Tier erstmal mit einem Sack in eine Zinkwanne und versteckten die Wanne unter dem Bett meiner Mutter. Die sagte: „Das kommt nicht in Frage. Die Wanne muss weg. Wenn die jemand findet, ist alles vorbei für uns." Wir bettelten: „Mutti, lass sie da stehen. Da sieht sie keiner."

Auf einmal kamen der Mann von oben und zwei Soldaten. Der eine war Mongole und sah fürchterlich aus. Er hatte das ganze Gesicht voll Pocken und vernarbt. Eben fürchterlich. Zu uns sagten sie sofort: „Wo ist der Hund, der hier drin ist?" Wir sagten dann, wir haben keinen Hund und haben auch keinen gesehen. Das haben sie natürlich nicht geglaubt und machten sich auf die Suche. Als sie so bei unserer Mutter vorm Bett standen, bückte sich dieser Mongole und zog die Zinkwanne hervor. Ein Donnerwetter in Russisch kam aus seinem Mund, und er zog sofort eine Pistole aus seinem Gürtel, zeigte damit auf meine Mutter, und wir schrien alle fürchterlich los, sagten: „Nein, nein, nein!" Er ließ es sein, und der andere Russe sagte, wenn wir nicht innerhalb von sieben Tagen einen neuen Hund besorgen, kommt er zurück und dann passiert was. Das Herz blieb uns stehen vor Angst. Der Mongole fragte noch mal, wer ihn totgemacht hat. Harald hob den Finger. Er nahm ihn mit nach draußen und hat den Harald so durchgeprügelt, dass der tagelang nicht mehr laufen konnte. Wir haben nur noch geweint, so leid tat uns das. Meine Mutter sagte: „Macht was ihr wollt damit. Ich rühre kein Stück davon an und wenn ich sterbe." Wir holten allen Mut zusammen. Der Harald konnte nun nicht mehr so richtig, und wir haben es trotzdem geschafft, dem Hund das Fell abzuziehen und in Stücke zu schneiden. Haben die Stücke dann in Wasser, gekocht, und wir Kinder haben alle davon gegessen. Es hat uns geschmeckt wie ein Festtagsbraten.

Genau einen Tag später zogen wir los, einen neuen Hund suchen, meine Brüder und ich gingen einfach mal auf einen Kasernenhof der Russen. Da liefen auch Hunde rum, und wir hatten großes Glück, dass uns ein niedlicher, brauner Hund entgegen kam. Wir fingen ihn gleich ein und liefen ganz freudig damit zu unserer Mutter, denn die hatte schon allen Mut verloren, dass wir es noch mal schaffen, einen Hund zu finden. Leider hatten wir nichts zu fressen für den Hund, und er musste eben auch bei uns hungern. Nur Wasser bekam er. Am übernächsten Tag kamen die zwei Russen wieder zu uns und wollten sehen, was mit dem neuen Hund war. Sie waren ganz glücklich, wieder einen zu haben. Der ging auch gleich mit, ohne zu murren, und der eine Russe sagte dann zu unserer Mutter, er wolle uns ein bisschen Weizen bringen. Am nächsten Tag kam er wieder und brachte uns ca. fünf Pfund Weizen. Wir waren alle überglücklich.

Hungerwinter 1946

Der Winter 1946 sollte für uns alle ein Verhängnis werden. Es war eine fürchterliche Kälte, die gar nicht enden wollte. Es erfroren ebenso viele Menschen, wie sie an Hunger starben. Es war ein Chaos. Überall auf den Straßen lagen nun noch mehr Tote umher. Die Leichenwegräumer schafften es gar nicht, die Menschen wegzuschaffen. Überall wurden nun wieder Massengräber gebuddelt. Bei der strengen Kälte trauten wir uns kaum noch raus, aber der Hunger trieb uns dazu.

Jeden Tag gingen wir auf den Verschiebebahnhof zum Betteln. Wie die Ratten suchten wir alle Gleise und Ecken ab in der Hoffnung, mal was Essbares zu finden, was die Russenfrauen vielleicht aus den Zügen herausgefegt hatten, aber meistens war alles umsonst. Wir haben uns gegenseitig beklaut oder manchmal sogar geschlagen wegen einem Stück Brot, was die Soldaten manchmal abgaben, oder wir konnten dann die Gulaschkanonen auskratzen, wenn noch ein wenig Hirsebrei (Kascha) übrig geblieben war, oder es kam vor, dass der eine oder andere Russe den Fraß selber nicht mehr essen konnte. Dann bekamen es die Kinder in ihre Kochgeschirre. Auch Betteltaschen, die wir Pracherbeutel nannten, trugen wir ständig mit uns herum.

Eines Tages ging ich auch wieder die Gleise entlang und nahm ein Stück vom Boden auf im Glauben, ein Stück Brot zu haben, was gefroren war. Als ich zu

Hause war, musste erst alles auftauen. Später wollte ich sehen, wie weit es aufgetaut ist, und ich musste zu meinem Entsetzen feststellen, dass das, was ich als ein Stück Brot angesehen hatte, ein Haufen menschlicher Kot gewesen war. Meine Mutter war so traurig darüber, dass sie mich in den Arm nahm, was lange nicht vorgekommen war. Sie tröstete mich eine Weile, und ich konnte es gar nicht verkraften, was ich da mitgebracht hatte.

Eines Tages sagte unsere Mutter zu uns, wir wollen mal wieder zu unserer alten Wohnung hingehen und sehen, ob das Haus in der Vorstädtischen-Langgasse noch steht, oder ob die Russen die Ruine schon abgerissen haben. Die Häuser waren alle ausgebrannt, und die, die noch einigermaßen heil waren, wurden extra angesteckt. Es war alles am Brennen. Die ganze Stadt stank immer und ewig nach Brand. Wir zogen also dorthin, und als wir da so standen und alles beobachteten, da sagte meine Mutter: „Ich will mal sehen, ob wir noch in unseren Luftschutzkeller rein können." Es sah alles so komisch aus, als wenn da jemand drin war. Die Kellerschächte waren ein wenig geöffnet, und meine Mutter meinte, die Brüder Herbert und Hans sollten draußen bleiben und aufpassen, dass kein Russe runter in den Keller kommt. Wir zwei wollten dann gehen. Meine Mutter schmiss sich gegen die Luftschutztür, aber es klappte nicht so richtig. Dann machten wir es zusammen und die Tür ging auf. Uns kam ein bestialischer Gestank entgegen. Mitten im Raum lag ein lebloser Körper auf irgendwelche Körper aufgebahrt und im Leib steckte ein kleines Hackebeil mit einem Hakenkreuz-Wimpel. Den hatten die Russen totgeschlagen und als Abschreckung für andere so liegen gelassen. Er war schon fast am Verwesen, und wir suchten mit vor dem Mund gehaltener

Hand schnell den Keller durch, um vielleicht noch was Brauchbares zu finden. Dann gingen wir ganz schnell nach draußen.

Nur weg von hier

Auf jeden Fall wurde der Zustand für den Rest der Menschen in unserer Stadt immer schlimmer. Ich dachte jeden Tag, wenn ich so unterwegs war, wann ist der Tag, an dem ich selber sterben müsste. Ich bekam immer mehr Angst.

Eines Tages ging ich wieder allein weg von uns, und ich war unendlich traurig. Beim Umherlaufen habe ich nur geweint und sah mich auf einmal auf dem Verschiebebahnhof stehen. Ich hatte gar nicht bemerkt, wo ich schon überall langgegangen war. Ich wusste aus Erzählungen, dass schon viele Kinder von hier aus weggefahren waren mit dem einzigen ausfahrenden Zug nach Russland. Es gingen nun Stunden dahin, und es wurde ein Güterzug von Russen beladen. Ich dachte, es könnte irgendwo eine Ecke geben, wo ich mich verkriechen könnte, und dann fahre ich einfach mit. Ich ging den Zug entlang von beiden Seiten, immer rauf und runter. Das muss dann wohl ein Russe bemerkt haben und fragte mich auf Russisch, ob ich mit wollte. Ich sagte „Ja" und dachte, Mensch, habe ich ein Glück, hier wegzukommen. Ich dachte an niemand mehr und hatte nur noch den Drang, mein eigenes Leben zu retten.

Der Soldat hob mich hoch und setzte mich hinter einer großen Kiste in ein Versteck, sagte ganz leise auf Russisch, ich sollte nicht mehr sprechen, damit mich keiner von den anderen Russen sieht und hört. Die saßen alle um einen Kanonenofen rundum und spielten Karten. Die hatten es gar nicht bemerkt, dass der mich versteckt hatte. Ich hatte auf einmal riesengroße Angst und habe am ganzen Körper gezittert. Der Russe hat es bemerkt und gab mir einen wattierten Militärmantel. Den legte ich auf den Boden und kuschelte mich darin ein. Es dauerte noch eine ganze Weile, dann wurde die Waggontür zugeschoben. Ich saß direkt daneben. Der Russe saß da und passte scheinbar auf mich auf. Auf einmal setzte sich der Zug ruckartig in Bewegung. Ich hatte so eine große Angst und habe mein Gesicht in den Mantel gepresst, damit mich keiner weinen hörte. Plötzlich fielen mir meine Geschwister und meine Mutter ein, aber es gab kein Zurück mehr für mich. Das Schlimmste war ja, ich wusste gar nicht, wohin es mit mir ging. Der Zug fuhr die ganze Nacht im Schneckentempo, und ich habe es nicht gewagt, mich zu bewegen vor lauter Angst. Ich hatte wohl einen großen Schutzengel bei mir.

Nach langer Fahrt hielt der Zug an, und ich weiß gar nicht, an was ich gedacht habe, konnte mich mit keinem Gedanken befassen. Der Russe zog mich hinter der Kiste hervor, schob das Tor auf und hievte mich auf einen menschenleeren Bahnhof. Ich sah nur Gleise runter. Er rief auf Russisch, ich sollte ganz schnell weglaufen. Ich befolgte seine Worte und lief am Zug entlang. Plötzlich fuhr der Zug wieder weiter, und ich stand da mutterseelenallein von Angst und Panik umschlossen. Ich traute mich keinen Schritt mehr zu machen.

Ich sah dann, dass da ein paar Männer ankamen und fing an, über die Schienen zu laufen. Ich kam an ein Gebäude, bin drum herum gelaufen und stand dann an einer Straße. Es muss noch sehr früh gewesen sein, denn ich sah kaum Menschen auf der Straße entlanggehen. Ich tippelte ganz hungrig und durstig weiter, und da kam eine Frau mit Kopftuch auf mich zu. Sie sprach Russisch mit mir, fragte mich, was ich so spät auf der Straße mache. Da sagte ich ihr, wie ich heiße und wo ich herkomme. Sie sagte zu mir, dass ich hier in dem Land Litauen bin und die Stadt Kowno (Kaunas) heißt. Ich wusste aber nicht, wo und was das war. Sie nahm mich mit. Sie lebte mit fünf oder sechs Kindern in einer kleinen Hütte, die auf dem Fußboden mit Stroh ausgelegt war. Die Kinder lagen darauf und schliefen. Sie sagte zu mir, ich solle mich auch dahinlegen und ein bisschen schlafen. Sie hat mir sicher angesehen, wie müde ich war. Habe nach dem Schlafen erstmal, ich glaube, es war gegen Mittag, was zu essen von ihr bekommen, und sie hat mich ganz lieb behandelt, genau wie ihre eigenen Kinder. Danach bin ich dann wieder gegangen.

Ich merkte, dass ich in einer ganz anderen Stadt war und die Menschen auch anders waren. Zum Abend hin bekam ich dann wieder diese riesige Angst und einen fürchterlichen Hunger und Durst. Ich kam an einer Bäckerei vorbei, so was kannte ich überhaupt nicht mehr, stürzte mich hinein und bettelte nach einem Stück Brot. Die Leute müssen sofort erkannt haben, dass ich ein deutsches Bettelkind war. Ich erfuhr später, dass wir deutschen Kinder von den Litauern auch Wolfskinder genannt wurden. Ich aß das halbe frische Brot auf wie ein gieriger Wolf, so ausgehungert war ich. Wir kannten überhaupt kein Brot mehr und ich konnte mir den Geschmack von Brot nicht mehr vorstellen.

Als ich da so auf den Stufen vor dem Bäckerladen saß, kam ein Mann rein, und der guckte mich immer so durch das Schaufenster an, machte dann die Tür auf und sprach mich in deutscher Sprache an. Ich dachte, wieso kann der Deutsch? Ist der vielleicht auch ein Deutscher? Aber er war Lehrer, wie ich dann erfuhr, und wollte mich mit nach Hause nehmen. Ich unterhielt mich nun mit ihm. Er fragte mich, wo meine Eltern sind und ob ich noch Geschwister habe. Ich weiß nicht, was mit mir los war, aber ich habe gesagt, ich habe keine Eltern und keine Geschwister mehr. Ich hatte wohl Angst, dass er mich wieder zurückschickt. „Die sind wohl alle gestorben?" fragte er. Ich habe „Ja" gesagt. Er unterhielt sich mit dem Bäcker in einer Sprache, die ich nicht verstand, dann drehte er sich wieder zu mir und fragte, ob ich zu seiner Familie mitkommen möchte. Das wäre nicht so weit weg aus der Stadt. Ich war noch nie im Leben in einem Personenauto gefahren und durfte es jetzt zum ersten Mal miterleben. Wir fuhren eine ganze Weile, und mir war auch alles egal. Plötzlich hielten wir an. Es war eine hügelige Gegend. Das Häuschen des Mannes lag so schön am Hang, und wir mussten eine lange, schneebedeckte Treppe hochgehen. Als sich die Tür öffnete, stand vor mir eine gut gekleidete Frau und noch zwei Mädchen, die älter waren als ich. Die guckten ganz erschrocken, wen wohl der Vater da angeschleppt hatte. Er winkte mich in eine schöne Stube rein, und ich musste mich hinsetzen. Dann berieten sie sich wohl über mich. Der Mann nannte mich bei meinem Namen und sagte, dass sie mich erstmal behalten wollten, bis ich wieder gesund wäre von der Russenkrätze und die Läuse weg hätte.

Ich war das glücklichste Menschenkind. Es glaubt keiner, was in mir vorging. Ich wollte nie wieder zurück. Die haben mich in einer großen Zinkwanne gebadet und das ein paar Mal hintereinander. Dann bekam ich ein langes Nachthemd an, und die Sachen von mir wurden verbrannt, bestimmt wegen der Kleiderläuse. Dann wurde zusammen gegessen, und ich weiß nur noch, dass ich bestimmt über sehr viele Stunden in einem schönen, weißen Bett gelegen habe, bis ich irgendwann mal die Augen geöffnet habe. Ich fühlte mich bei der Familie wie im Märchenland und wollte an nichts mehr denken, was Wunden aufreißt. Ich blühte da richtig auf, aber der Mann fragte immer wieder nach meinen Eltern, und irgendwann habe ich dann gesagt, dass meine Mutter mit den Geschwistern in Königsberg lebt. Von da an sagte der Mann immer zu mir, ich müsste wieder zurück zu meiner Mutter. Die würde sich doch große Sorgen machen um mich, das sollte ich doch verstehen. Sie wollten mir auch ganz viele Lebensmittel für alle mitgeben und einen Rucksack, damit ich auch alles tragen könnte. Nun hatte ich mich in den vier Wochen so gut erholt, dass ich wieder ein wenig bei Kräften war und den Mut hatte, wieder zurückzufahren.

Nach Hause

Eines Tages war es so weit. Die Leute hatten für meine Mutter und meine Geschwister alles gepackt. Ich fuhr wieder mit dem Lehrer zum Bahnhof von Kaunas. Der Mann hatte mich hingefahren, er wusste ganz genau, wann die Züge fuhren. Es war so gegen Abend, und er unterhielt sich mit einigen russischen Soldaten. Die kamen auf mich zu, hoben mich mit dem wertvollen Rucksack ins Abteil, und einige Zeit später ging es in Richtung Königsberg. Lange zuckelte der Zug durch die Gegend, und ich spürte auf einmal eine riesige Angst in mir, dass ich vielleicht meine Mutter und meine Geschwister nicht mehr finden könnte oder dass sie vielleicht schon verhungert sein könnten. Ich habe nur noch geweint, weil ich nicht wusste, was mit mir passiert. Das haben ein paar russische Soldaten gemerkt, und sie fragten mich, wo ich hin wollte. Ich sagte: „Zu meiner Mutter nach Königsberg." Sie ließen mich dann in Ruhe. Ich habe nur meinen Rucksack im Auge gehabt, der mit Speck, Brot, Mehl, Zucker und Salz voll gepackt war. Ich selbst hatte einen Mantel, Pullover, Rock, Unterwäsche, Schuhe und selbst gestrickte Strümpfe an. Dieses hatte ich alles von diesen sehr lieben Leuten geschenkt bekommen. Ich hatte jetzt Angst, von den Bettelkindern überfallen zu werden, wenn ich in Königsberg ankommen sollte.

Die Fahrt war bald zu Ende, und es wurde schon hell, als wir wieder auf dem Verschiebebahnhof von Königsberg ankamen. Ich sprach einen russischen Soldaten an, ob er mich nicht ein Stück vom Bahnhof wegbringen könnte, damit mir keiner den Rucksack klaut. Er war schon etwas älter und hat mir auch den Rucksack getragen, weil er es sicher nicht mit ansehen konnte, wie ich mich damit abschleppte. Ich war ja nur ein abgemagertes Menschenkind. Dann hat er mich sicher aus dem Bettelbereich rausgebracht, und ich bin in die Richtung hin, wo meine Mutter zuletzt in einer halb ausgebrannten Wohnung wohnte. Ich habe immer gedacht, sie hoffentlich noch zu finden, und irgendwie war ich auf einmal ganz stolz auf mich, dass ich die gute Tat gemacht habe und ihnen etwas zu essen bringen kann. Es war, als hätte ich einen Goldklumpen bei mir.

Ich kam bei der Wohnung an, wo sie tatsächlich noch drin waren und war ganz freudig reingegangen, musste dann aber zwischen Freude und Angst erfahren, dass sie alle sehr krank waren und sich kaum noch fortbewegen konnten vor lauter Unterernährung und Hunger. Ich war wieder genauso traurig wie vorher, als ich das Elend sah. Meine Mutter wusste kein Wort zu sagen, als sie mich nach fast vier Wochen Abwesenheit wieder sah. Sie sagte nur: „Ulla, wo warst du? Wir dachten schon alle, du wärest gestorben." – „Aber Mutti,", sagte ich ganz traurig, „ich bin in Litauen gewesen und habe für euch ganz schöne Sachen mitgebracht."

Meine Geschwister reagierten überhaupt nicht darauf, dass ich wieder da war. Die stürzten sich wie Wölfe auf die ganzen Sachen. Nur meine Mutter, der war wohl schon alles egal, was kommt. Die beachtete das alles gar nicht mehr richtig. Ich konnte es nicht verstehen und rief ihr immer zu: „Mutti, nun iss doch auch mal was!" Aber sie wollte nicht so richtig. Sie sagte nur immer wieder, wir müssten doch bald alle sterben, und das wollte ich jetzt nicht mehr, bekam fürchterliche Angst und sagte zu ihr, dass ich wieder nach Kaunas zu der Familie fahre, wo ich war. Die haben mir das Leben gerettet, und da will ich wieder hin. Ich bettelte: „Mutti, fahrt doch alle mit! Ich weiß jetzt, wie wir da alle hinkommen können." Sie lehnte aber alles ab. Da wurde ich wütend und sagte: „Dann fahre ich wieder alleine hin!"

Ich war wie besessen, mein Leben zu retten und sagte immer zu Mutti, dass ich nicht krepieren wollte wie die anderen. Das muss ihr wohl auch leid getan haben, und sie sagte dann später zu mir: „Würdest du da wieder hinfinden?" – „Ja Mutti, ich weiß genau wie wir dahin kommen." Sie war sehr, sehr schwach und konnte kaum noch richtig gehen. Meine Geschwister lagen nur noch flach. Im Nebenraum wohnte noch eine Frau, die ihre einzige Tochter durch Vergewaltigung verloren hatte, und da hat sich meine Mutter mit ihr in Verbindung gesetzt und sie gefragt, wenn sie jetzt für ein paar

Tage nach Litauen mitfahren würde, ob sie für diese kurze Zeit nicht mal auf die Kinder aufpassen würde? Essen hätte ich ja jetzt mitgebracht, und das würde für alle, auch für sie, für Tage reichen. Die Frau sagte: „Frau Wedigkeit, Sie haben mir damals bei meiner Tochter Beistand gegeben, nun mache ich das für Ihre Kinder."

Mit Mutter von Königsberg nach Kaunas

Wir fuhren noch am selben Abend los, und ich habe das am Verschiebebahnhof genauso gemacht wie beim ersten Mal. Habe einen Soldaten angesprochen, der im Güterzug oben zum kleinen Fenster rausguckte und gefragt, ob er uns nicht bis nach Kaunas im Waggon verstecken würde. Wir wollten uns was zu essen für unsere kranken Geschwister holen. Wir hatten Glück. Er machte ein Handzeichen, guckte sich erst überall um, und dann krabbelten wir auf allen Vieren in den Waggon rein, hockten uns in eine Ecke und warteten ab. Ich sagte dann zu meiner Mutter: „Mutti, warum hast du nicht Herbert, Hans und Eva mitgenommen?" – „Ulla, das ging doch nicht. Die sind doch viel zu schwach, das durchzuhalten. Wenn wir in ein paar Tagen wieder hier sind und sie ein bisschen bei Kräften sind, fahren wir alle Mann weg. Die werden ja gut versorgt von Frau Neumann mit dem, was du mitgebracht hast."

Ich habe darüber nachgedacht und fing auf einmal fürchterlich zu weinen an, so dass der Russe sagte, wenn ich damit nicht aufhöre, dann sollten wir wieder aussteigen. Ich bekam Angst und verhielt mich ganz ruhig, um nur nicht wieder raus zu müssen. Meine Mutter guckte ganz starr vor sich hin und brachte kein Wort über die Lippen.

Dann endlich setzte sich der Zug in Bewegung, und es sprangen noch drei Russen auf den Waggon auf, machten das Tor während der Fahrt zu, und wir konnten ganz versteckt in unserer Ecke hinter Maschinenteilen ausharren. Der Russe, der uns reingelassen hatte, sagte uns zu Anfang, dass er uns dann rauswerfen würde, wenn wir in Kaunas halten. Wir trauten uns kein Wort zu sprechen, im Glauben, dass uns jemand von den Dreien hören könnte. Es war furchtbar für uns so dazuhocken. Die Kälte kroch uns über den ganzen Körper, und das Gerattere des Zuges ging uns durch Mark und Bein. Es war so, als wollte es kein Ende nehmen. Ich hatte eine panische Angst und dachte für mich allein: 'Hoffentlich hält der Zug auch in Kaunas.' Im Laufe der Stunden wurde es am Himmel heller, und ich sagte ganz leise zu meiner Mutter, jetzt kommen wir bald nach Kaunas. Sie war ganz still und sagte gar nichts. Nun hatte ich noch größere Angst und dachte, vielleicht schafft sie es überhaupt nicht, aus dem Zug rauszukommen. Ich fing wieder ganz fürchterlich an zu weinen. Da nahm meine Mutter mein Gesicht und zog es langsam zu sich in den Schoß, damit die Russen es nicht bemerkten.

Irgendwann stoppte dann der Zug, und die Russen schoben das Tor auf. Sie stiegen alle aus, und der eine kam dann wieder zu uns. „Matka poschli, poschli, dawai!" Mutter und ich konnten kaum aufstehen vor Steifheit und Kälte in den Knochen. Wir zitterten am ganzen Körper und krochen wie Tiere zum Waggon raus. Wir haben uns bei ihm bedankt und hatten den Eindruck, dass er überglücklich war, uns los zu sein. Wir torkelten ganz wackelig über die Bahngleise und mussten noch eine Weile laufen bis wir am Bahnhof waren. Aber wir hatten es geschafft, in Kaunas zu sein.

Meine Mutter war so schwach, die musste erstmal was zu essen haben. Ich ging gleich los und habe außerhalb vom Bahnhof gleich ein paar Geschäfte nach was Essbarem abgebettelt und auch etwas bekommen. Überglücklich ging ich zu meiner Mutter, die sich im Bahnhofsgebäude auf einer Bank hingesetzt hatte, um sich ein wenig zu wärmen. Da gab es irgendwo eine beheizte Stelle. Die Kälte war überall im Februar. Wir saßen da bestimmt ein paar Stunden, um uns zu orientieren, wo wir überhaupt waren. Dann aber rafften wir uns auf und gingen durch die Straßen von Kaunas. Das kam uns alles so fremd vor, dass wir uns fürchteten, abgefangen zu werden, denn da liefen ebenfalls überall Russen umher und kontrollierten die ganze Stadt.

Wir beschlossen, uns nicht lange aufzuhalten und suchten erst mal die Gegend auf, wo ich die letzten Wochen verbracht hatte. Es dauerte eine ganze Weile, bis wir es ausfindig gemacht hatten. Kaunas ist ja auch nicht so klein, und ich musste lange suchen. Wir haben hier und dort auch bei den Leuten Übernachtungen bekommen, aber später erfuhren wir, dass es verboten war, Deutsche zu behalten.

Am Tag haben wir gebettelt. Es war eine schwierige Zeit, weil Mutter nicht richtig gesund war. Wir trafen ganz unterschiedliche Leute. Einige nahmen uns freundlich auf, andere verachteten uns oder spuckten uns sogar an und beschimpften uns: „Ihr Nazi-Schweine! Raus mit euch!" Ich war ein Kind im Alter von zehn Jahren und von Nazis hatte ich keine Ahnung. Mir tat das alles so weh und ich habe nur traurige Gedanken gehabt. Meine Mutter fragte ich immer, warum die Leute nur so böse zu uns sind. Wir haben doch nichts getan. Ich glaube, es waren so zwei oder drei Wochen vorbei, da hatte ich die Gegend wiederentdeckt, wo ich Quartier gefunden hatte. Als ich da mit meiner Mutter auftauchte, wussten die gar nichts mehr zu sagen, so erschrocken waren sie. Mich nahmen sie ganz fest in die Arme und freuten sich, dass ich wieder da war. Meine Mutter haben sie erst mit etwas besseren Sachen ausgestattet als die, die sie am Körper hatte. Es waren ja nur Lumpen mit Läusen, die wir hatten. Die Leute behielten uns ein paar Tage, und ich wollte nicht mehr weg. Es ging uns gut dort. Meine Mutter wollte aber zurück nach Königsberg und ihre Kinder holen.

Raus aufs Land

Wir hatten noch Essbares von den Leuten bekommen, und der Mann fuhr uns nach Kaunas zum Bahnhof. Jetzt mussten wir feststellen, dass da viele Russen standen und alles kontrollierten, was verdächtig war. Es war nicht möglich, von hier aus wegzukommen, und einige Russen beäugten uns schon immer, was wir dort wohl zu suchen hatten. Wir bemerkten das und bekamen irgendwie Angst, dass die uns wohl bald festnehmen würden. Mutter sagte, wir müssten hier verschwinden, sonst sperren die uns ein oder verschleppen uns noch. Der Mann hatte es wohl gesehen, dass da so viele Russen standen und war schnell verschwunden. Also verließen wir den Bahnhof und machten uns in die Stadt Kaunas rein, um erneut betteln zu gehen.

Als wir so durch die Straßen zogen, bemerkten wir, dass da noch mehrere deutsche Kinder waren und sich was zu essen zusammenbettelten. Wir aber haben nur an die Kinder zu Hause gedacht. Wie kommen wir wohl nach Königsberg hin? Es war alles gesperrt. Es war fürchterlich für uns. Wir mussten ganz doll aufpassen, nicht von den Russen aufgegriffen zu werden. Die waren jetzt überall zu sehen, und das ganze Land war ja von Russen besetzt. Wir haben bei Zivilisten in Häusern gebettelt und in einigen Läden haben wir es auch versucht, aber da war es schon schwieriger, weil da immer schon Russen ein und aus gingen. Wir gingen noch mal zum Bahnhof hin und wollten weg, aber es ging nicht. Meine Mutter wurde immer stiller und sagte kaum noch was.

Nun hatten wir einen Gedanken gefasst, schnell aus der Stadt rauszukommen. Es kam aber ganz anders. Es gab eine große Schneeschmelze im Frühjahr, und die ganze Stadt stand unter Wasser. Wir mussten nun auch, um eine Bleibe zu haben, zusätzlich bei den Leuten um Quartier betteln. Es war furchtbar kalt und nass überall, wir hatten ja nichts Richtiges für die Kälte anzuziehen. Bevor das Wasser in der Stadt anstieg, haben wir in offenen Hauseingängen geschlafen, nur damit wir ein Dach über dem Kopf hatten. Wir hatten großes Glück, dass uns beim Betteln eine Familie aufgenommen hat. Die hatten vier Kinder, und der Vater fertigte nach alter litauischer Tradition blau gefärbte Kopftücher und Wäsche an. Dort konnten wir ungefähr drei Wochen bleiben. Die haben uns auch ernährt, wofür wir so dankbar waren.

Meine Mutter hatte immer nur den einen Gedanken, wie kommen wir nach Königsberg. Wir sind dann noch mal, als das mit dem Hochwasser vorbei war, zum Bahnhof gegangen, aber es waren wieder die Russen dort und hielten alles unter Kontrolle. Als das Wasser nun abgezogen war, wollten wir raus aufs Land. Dort, dachten wir, wären nicht so viele Russen.

Wir tippelten auf die kleinen Holzhäuschen zu, um uns was zu erbetteln. Es ist ja alles so weit auseinander. Wir fühlten uns nicht mehr so verfolgt und waren irgendwie freier. Jeden Tag gingen wir etwa zehn bis dreißig Kilometer durchs Land und immer beidseitig an der Memel lang, der Orientierung wegen. So waren wir jeden Tag woanders und trafen nicht mehr so viele Kinder aus Königsberg oder anders woher, die genauso bettelten wie wir. Ich dachte nur an meine Geschwister und fragte immer wieder meine Mutter, wann wir wieder zurückfahren. „Mutter, wann fahren wir wieder zurück? Mutter, die brauchen doch Essen." Meine Mutter war so komisch und gab mir gar keine Auskunft mehr. Sie starrte immer vor sich hin. Ich war ganz traurig darüber und habe richtig gelitten unter der Sache. Uns trieb es immer weiter ins Landesinnere und wir waren richtige Bettler auf der Landstraße geworden.

Nimm dich in Acht!

Wir mussten so aufpassen, dass wir nicht von russischen Soldaten erwischt wurden. Die fuhren Tag und Nacht durch ganz Litauen. Die Leute durften auch hier keine bettelnden Kinder oder Frauen aufnehmen. Das wurde mit einer Verschleppung nach Sibirien bestraft. Die Leute hatten große Angst und mieden uns, wo sie nur konnten. Aber manche haben uns trotzdem für eine Nacht aufgenommen, sei es im Stall oder in ihrer Scheune, manchmal auch in der winzigen Wohnung.

Die meiste Zeit haben wir draußen im Wald oder auf Feldern, im Sommer unter Heuhaufen und Strohpuppen, die auf Getreidefeldern aufgestellt waren, geschlafen. Am Tag ging es nur über Land und durch Wälder. In dieser Zeit herrschten im ganzen Land Partisanenkämpfe zwischen Russen und Litauern. Es war schrecklich, was wir oft zu sehen bekamen, wenn sich die Russen in die kleinen Dörfer von Litauen nachts reingemacht und ganze Familien ausgerottet haben, die nicht die Gesinnung der Russen vertraten. Oftmals war es auch Verrat durch anders gesinnte Nachbarn. Die litauischen Partisanen haben an ihren Mützen das Edelweiß-Zeichen und die Russen einen roten Stern getragen.

Einmal haben wir bei einer Familie übernachtet, die uns Stroh auf den Fußboden gelegt hatten. Es war nur Lehmfußboden, wie es in allen Häusern aus Holzbalken war. Wir waren froh, überhaupt eine Bleibe zu haben. In dieser Nacht geschah etwas Furchtbares in diesem Häuschen. Wir wurden alle aus dem Schlaf gerissen, denn der Hund dieser Leute, der an einem langen Laufdraht angebunden war, bellte fürchterlich, und wir dachten sofort an die Partisanen. Meine Mutter und ich rissen in der Dunkelheit ein kleines Fenster auf und krochen sofort nach draußen. Wir waren ja nicht ausgekleidet. Das taten wir nie wegen der Angst, es würde uns vielleicht jemand rausholen. Wir krochen so leise, wie wir nur konnten, hinter der rückwärtigen Hauswand lang und machten uns in die Feldflur rein. Wir blieben dort liegen bis zum anderen Morgen und konnten nicht sehen, was sich da im Haus abgespielt hatte. Als wir auf den kleinen Hof kamen, lag die Frau vorm Haus, wo eine kleine Veranda war und beugte sich laut weinend über ihren toten Mann. Der sah furchtbar aus. Dem hatten die russischen Partisanen den ganzen Rücken mit einem Reibeisen aus dem Haushalt der Frau aufgerieben und anschließend Salz draufgestreut und den Mund zugebunden, damit er nicht schreien konnte. Der arme Mensch ist qualvoll hingerichtet worden. Der Hund lag auf seinem Herrn und heulte immerfort. Meine Mutter und ich, wir haben neben dieser Frau gesessen und waren alle drei fassungslos über so viel Grausamkeit. Meine Mutter hat der Frau erstmal Beistand geleistet. Sie trugen den Mann in die kleine Scheune rein, legten ihn auf ein weißes Tuch, und dann ging die Frau zum nächstgelegenen Haus in der Nachbarschaft. Die Häuser lagen alle weit auseinander, und man musste erst eine große Strecke gehen, um an sie dranzukommen. Wir blieben solange im Haus und passten auf zwei kleine Kinder auf, die so eingeschüchtert waren, dass sie nur vor sich hinwimmerten. Dann kamen eine Frau und zwei Männer mit der trauernden Frau zurück, und wir gingen so schnell es ging vom Haus weg. Es hätte uns ja jemand verraten können.

Wir liefen umgehend wieder die Strecke zurück, auf der wir Tage zuvor gekommen waren und hielten uns da eine Weile auf, denn wir haben erstmal ausgekundschaftet, wie das ganze Gebiet mit Partisanen versehen war. Später machten wir uns zur Memel hin und sind so immer an der Memel entlang gegangen, wo manches Fischerhäuschen stand. Wir hatten auch mehr Schutz in dieser Gegend am Wasser durch Sträucher und Hecken. Manchmal konnten wir auch gelegentlich bei Fischern im Boot mitfahren. Dann wurden die Fische von uns gesäubert, und die Leute haben sie dann in Räucheröfen gehängt. Wenn wir Glück hatten, bekamen wir auch mal einen geschenkt. Das war dann wie Weihnachten für uns. Meistens wenn wir bettelten, bekamen wir ein Stück vom selbstgebackenen Brot geschenkt und einen Blechtopf Milch. Das war unsere Hauptmahlzeit, und dafür waren wir sehr, sehr dankbar. Das Brot schmeckte uns wie Kuchen. Es war immer so schön saftig im Geschmack. Die Leute haben es unterschiedlich gebacken. Es wurde oft Kartoffel dafür verwendet. Wenn die Brote in die eigenen Lehmbacköfen geschoben wurden, dann habe ich oftmals sehen können, dass die Brote auf Kohlblätter und Schilfblätter wegen des guten Geschmacks gelegt wurden. So hatte jeder sein eigenes Rezept hierfür, und es hat immer anders geschmeckt.

Ich habe, wenn wir mal bei Leuten für ein oder zwei Tage aufgenommen wurden, auch öfters mit meiner Mutter arbeiten müssen. Es ging dann immer aufs Feld zum Mist streuen, Garben binden, mit einem Holzpflug pflügen, Heu wenden und zu Haufen rechen, Leiterwagen mit Heu oder Getreide beladen. Auch habe ich Dreschmaschinen per Pferd bedient, und wer die nicht hatte, so wurde auf Leinenstücken oder Säcken das Getreide mit Dreschflegeln geschlagen und auf Sieben gesäubert. Das war für ein Kind von elf Jahren schwere Arbeit. Wir waren trotzdem froh, dass wir dadurch was zu essen bekamen, haben alles durchgehalten. So zogen wir wie Vagabunden jeden Tag weiter und wussten überhaupt nicht, wo wir uns befanden. Wir waren wie Tiere, die keine Orientierung hatten.

Eines durften wir überhaupt nicht, und das war, in eine Stadt reingehen, denn da hätten uns die Russen sofort eingefangen und abtransportiert. Wohin, hätte keiner gewusst. Es war Sommer, und da haben wir manchmal in der Memel gebadet, denn eine andere

Möglichkeit zur Körperreinigung gab es für uns nicht. Wir hatten ja nur das, was wir am Körper trugen, und das hatten wir uns teils von Wäscheleinen auf einzelnen Gehöften geklaut, wenn es keiner bemerkte. Wir zogen uns nackt aus, rubbelten uns mit Sand den Körper ab und gingen ins Wasser, um uns abzuspülen. Meine Mutter, die eine sehr gute Schwimmerin war, schwamm auch mal in der Memel, und da die manchmal eine starke Strömung hatte, kam sie ganz woanders auf der anderen Seite an, und ich hatte eine panische Angst, dass sie vielleicht untergeht. Aber sie kam jedes Mal wieder zurück. Ich ging manchmal auf die Sandbänke, über kleine Dämme, die die Fischer angelegt hatten, und habe Möweneier ausgenommen. Wir haben auch sehr oft Hühnernester leergeräubert in Scheunen, wenn wir da Nachtquartier bezogen hatten. Alles heimlich. Die rohen Eier gaben uns Kraft zum Überleben.

Zwischen Sehnsucht, Angst und Trauer

Eines Tages durften wir bei einer Fischerfamilie ein paar Tage bleiben und haben auch in der Scheune geschlafen. Meine Mutter bekam in der Nacht einen fürchterlichen Albtraum und schrie ganz laut. Ich habe sie hin und her gerüttelt, aber es half nicht. Ich lief zum Fischer hin und klopfte an die Scheibe und sagte, er sollte doch schnell mal kommen. Meine Mutter war total entkräftet vom Schreien, und der Mann schlug ihr richtig ins Gesicht. Da kam sie zu sich und flog total matt ins Heu. Am kommenden Morgen lag sie wie tot da und war nicht in der Lage, aufzustehen. Erst am späten Nachmittag kam sie ins Häuschen und erzählte, was sie erlebt hatte. Es war ein fürchterlicher Traum von ihren zurückgelassenen Kindern in Königsberg. Ich war so erschüttert darüber, dass ich zu meiner Mutter immer wieder sagte: „Mutti, lass uns doch nach Kaunas zurückgehen. Wir versuchen es noch mal zurückzufahren vom Bahnhof aus."

Wir tippelten und tippelten, weiß der liebe Herrgott, doch wir kamen gar nicht in Richtung Kaunas an, als wenn wir uns immer im Kreis drehten. Oft waren wir wieder da, wo wir schon mal waren. Aber irgendwann hatten wir die Richtung, und wir begegneten sehr vielen bettelnden Kindern, die alle aus Ostpreußen stammten und keine Eltern mehr hatten.

Eines Tages trafen wir eine Frau, es war meine Tante Lise, von meinem Vater eine Schwester, die war kurz zuvor in Königsberg gewesen und hatte es geschafft, wegzukommen, nachdem ihre zwei Kinder verhungert waren. Die Kinder sind, wie viele andere auch, in einem Massengrab beigebuddelt worden. Lise war mit ihren Nerven am Ende und total abgemagert. Sie bettelte jetzt auch ums Überleben für sich allein. Nun erzählte sie meiner Mutter, dass sie nicht mehr nach Kaunas hinzugehen bräuchte, denn sie wüsste es ganz genau, dass meine Geschwister Herbert, Hans und Eva tot sind. Die waren in den letzten Wochen an Hunger verstorben und keiner wüsste, wo sie hingebracht worden wären. Die Frau Neumann, die auf sie aufpassen sollte, sei auch an Hunger verstorben. Das hätten die Leute gesagt, die mit in dem Haus wohnten. Für meine Mutter brach eine Welt zusammen. Sie hat immer meine Tante angeschrien und gesagt: „Lise, das ist doch nicht wahr. Sag es mir. Stimmt das wirklich?" – „Ich weiß es ganz genau, Asta. Du kannst es mir glauben." Ich war wie ausgehöhlt und habe nur geweint. Tagelang und immer wieder. Ich konnte es nicht fassen, meine Geschwister nicht mehr wiederzusehen. Plötzlich hatte ich für meine Mutter kein Gefühl mehr über. Ich habe zu ihr gesagt: „Mutti, warum hast du die Geschwister in Königsberg gelassen?" Ich habe es nicht begreifen können. Ich glaube, ich war ebenfalls ein bisschen gestorben. Ich hatte keinen Lebensmut mehr und war von Traurigkeit geprägt. Meine Tante hatte das erkannt und blieb eine Weile mit uns zusammen.

Wir gingen nun wieder ins Landesinnere rein und mussten betteln. Meine Mutter wurde, glaube ich, seelisch krank. Sie sprach kaum noch darüber. Wir schleppten uns so durchs Land. Jeden Tag woanders. Meine Tante löste sich dann eines Tages von uns, weil sie krank wurde. Wir hatten großes Glück, dass eine Familie, wo wir uns ein Essen erbettelten, erkannte, wie krank sie war und sich entschloss, sie aufzunehmen, bis sie wieder gesund sei. Wir beide mussten weiterziehen.

Einsiedelei

Irgendwann kamen wir mal an einen Waldrand und sahen in der Nähe ein Haus, was total verkommen dastand. Als wir es betraten, bemerkten wir, dass da keiner mehr drin wohnte, es aber noch nicht lange leer war. Es stand alles an seinem Platz und sogar eine Kuh und zwei Schafe, auch ein Schwein waren noch in einem Stall und regten sich nicht mehr. Sie hatten kein Fressen und Saufen bekommen. Meine Mutter sagte, hier waren die Partisanen und haben die ganze Familie verschleppt. Wer weiß, wohin. Wir haben als erstes versucht, die Tiere auf die Wiese zum Fressen zu bringen, was uns aber mit der Kuh nicht mehr gelang. Ich holte Wasser aus dem Hausbrunnen. Der wurde mit einer Holzstange und Eimer betätigt. Ich brachte es zum Stall hin und gab es der daliegenden Kuh zu saufen. Die schluckte es nur so in sich rein. Ein ganzer Eimer war im Nu leer. Meine Mutter brachte ihr frisch gezupftes Gras. Sie fraß es ebenfalls auf, und es dauerte eine ganze Zeit, bis sie sich erhob und wir sie dann auf die am Haus liegende Wiese führten. Wir haben die Tiere dann alle angebunden, damit sie in Ruhe fressen konnten, und wir hatten sie vom Elend befreit. Meine Mutter und ich haben uns dann da für ein paar Tage aufgehalten. Nachts haben wir im Wald geschlafen, aus Angst vor den Partisanen. Wir hatten auch Decken im Haus gefunden und konnten uns damit zudecken.

Am dritten Tag waren wir ganz erschrocken, als plötzlich ein Mann in das Holzhaus kam und zu uns sagte, dass er der Nachbar wäre. Er hatte noch nicht bemerkt, dass die Leute weg waren. Er hatte die Tiere auf der Wiese gesehen und wollte nun wissen, was los war. Er war freundlich zu uns und meinte, wir könnten ja noch bleiben, müssten aber sehr vorsichtig sein wegen der russischen Kontrollen. Die würden da immer nachgucken. Essen hatten wir im Haus noch vorgefunden und Milch sollten wir uns von dem Mann in der Nachbarschaft holen. Als wir dann da hingingen, hatte eine Kuh ein Kalb geboren, das aber tot war. Er bot es uns an und sagte, wir könnten das noch essen, müssten aber alles abkochen, wenn wir es haben wollen. Meine Mutter half mit beim Fellabziehen und er zerlegte es für uns. Die Innereien nahm er auch aus. Im Eimer nahmen wir die Stücke mit und haben sie dann in Salzwasser abgekocht. Es war für uns ein Festessen, weil wir Fleisch schon gar nicht mehr kannten und uns bei dieser Gelegenheit mal richtig satt gegessen haben.

Als wir wieder jemanden auf das Haus zukommen sahen, waren wir sehr erschrocken, was wohl jetzt auf uns zukam. Es war ein Mädchen aus Ostpreußen, 17 oder 18 Jahre alt. Sie war total abgemagert und konnte kaum noch laufen. Sie war ganz glücklich, Deutsche getroffen zu haben. Sie hatte noch zwei Geschwister gehabt. Die waren auf der Flucht nach Litauen an Hunger verstorben, und sie waren irgendwo im Straßengraben zurückgeblieben. Die Eltern waren schon tot. Die Mutter war durch Vergewaltigung gestorben, und der Vater war gefallen. Es war schlimm für dieses Mädchen. Meine Mutter sagte, wir haben hier genug zu essen vorgefunden. Mehl, Kartoffeln und die Milch vom Nachbarn. Wir haben dann noch ein paar Tage dort verbracht. Des Nachts waren wir aber immer im Wald.

Dann aber kam der Litauer wieder zu uns, wir sollten doch lieber wieder weitergehen. Es wäre besser für uns. Wir packten uns noch was Essbares ein und tippelten weiter. Nun hatten wir fast 14 Tage dort verbracht und waren ganz glücklich gewesen. Wir haben auch mal unsere Sachen, die wir anhatten, mit richtiger, selbstgemachter Kernseife waschen können und waren wieder sauber gewaschen von Kopf bis Fuß. Flöhe hatten wir aber trotzdem. Die machten uns zu schaffen. Überall hatten wir Flohbisse, und wenn wir daran kratzten, bekamen wir überall Beulen, die fürchterlich juckten.

Immer nur weiter

Wir zogen nun zu dritt durch die Gegend, aber es war nicht von langer Dauer. Nach etwa zehn Tagen trennten wir uns wieder, weil wir zu dritt nirgendwo mehr was zu essen bekamen und uns nahm keiner mehr zur Übernachtung auf, weil es zu gefährlich für die Leute war. Wir haben das Mädchen nie wieder gesehen.

Meine Mutter und ich liefen nun wieder jeden Tag durchs Land und wussten nie, was auf uns zukommt. Wir hatten auch keine Ahnung, ob es Wochentag oder Sonntag war. Das merkten wir nur, wenn die Litauer in die Kirchen gingen, denn die waren immer voll. Die Leute sind ein sehr gläubiges Volk. Jede kleine Holzhütte hatte irgendwo in einer Ecke einen kleinen Altar, wo die Leute mindestens dreimal am Tag ein Gebet abhielten.

Eines Tages waren wir auf der Suche nach einer Übernachtung. Es war ein sehr kalter Tag, und ich war schwach auf den Beinen. Wir hatten schon mehrere Leute nach einer Bleibe gefragt, aber alle lehnten es ab, uns zu behalten. Die Leute hatten Angst wegen der Russen, die nachts durch die Gegend fuhren und alle Häuser nach Deutschen durchsuchten. Wir waren verzweifelt und ich merkte gar nicht, dass es schon sehr spät und ich total durchgefroren war. Wir gingen querfeldein, und ich war im Dunkeln gegen einen Stacheldrahtzaun gelaufen. Dabei hatte ich mir beide Knie total aufgerissen. Wir hatten keinerlei Verbandszeug und konnten auch nichts sehen. Am nächsten Morgen, wir hatten die Nacht an einem Waldrand zwischen Tannen und Büschen verbracht, war ich blutverschmiert und hatte Schmerzen. In der Nähe stand ein kleines Häuschen. Dort gingen wir hin und fragten die Leute, die dort wohnten, ob sie mir nicht helfen könnten, meine Knie zu behandeln. Sie ließen uns ein und kamen mit einer Flasche in der Hand zu mir. Als die geöffnet wurde, roch es ganz schlimm. Es war Spiritus, und damit wusch die Frau mir die blutigen Knie ab. Es schmerzte furchtbar, aber ich biss die Zähne zusammen. Dann bekam ich notdürftige Verbände angelegt und war so dankbar für die gute Tat. Die Leute waren sehr nett und behielten uns ein paar Tage, dafür mussten wir aber aufs Feld, Kartoffeln roden.

Vier Tage später gingen wir wieder weiter, und ich hatte große Mühe, meine Knie zu bewegen. Aber es half nichts, es musste weitergehen. Draußen wurde es immer kälter, und wir hatten keine richtige, warme Kleidung für die Jahreszeit anzuziehen. Ich beschloss, sie irgendwie zu besorgen und sagte zu meiner Mutter, wir müssten uns was klauen. Ich hielt jetzt immer mehr Ausschau, was auf den Wäscheleinen hing, wenn die Leute gewaschen hatten. Es war sehr schwierig, dranzukommen. Nach langer Ausschau hatte ich doch etwas Unterwäsche erwischt für Mutter und mich. An den Füßen trugen wir Fußlappen mit Filzüberzügen. Manchmal nahmen wir auch Papier stattdessen. Es ging auch so, und die Beine waren dann warm. Wir kamen mal in eine Gegend, da waren mehrere Obstgärten angelegt, und das Obst verlockte uns geradezu, uns dort ein Weilchen aufzuhalten. Wir suchten uns in der Nähe eine Bleibe, das war eine ziemlich stabile Unterstellhütte auf einer Weide am Waldrand. Da quartierten wir uns ein und haben uns erstmal richtig an Äpfeln und Birnen satt gegessen. In der Nähe standen ein paar Häuschen, und dahin ging ich zum Betteln. Die Leute gaben mir etwas Brot und ein paar Kartoffeln. Wir haben die Kartoffeln am offenen Feuer gebacken, und es war ein Gefühl in uns, als wenn alles Frieden wäre. Dem aber war nicht so. Wir mussten uns ständig weiterbewegen, konnten nirgends länger bleiben. Nun gingen wir wieder woanders hin und kamen an eine Stelle, wo einer Bienen hatte und die Bienenkästen oder Körbe waren alle auf Felder verteilt. Der Mann nahm uns auch für ein paar Tage auf, und wir mussten dafür Rüben auf den kleinen Feldern ernten und mit Weidenkörben auf einen Kastenwagen raufwerfen. Es war für mich eine ziemlich schwere Arbeit, aber wir machten alles mit, um nur eine Übernachtung zu kriegen. Geschlafen haben wir im Kuhstall. Da war es nachts immer so schön warm drin. Als wir am dritten Tag wieder aufs Feld gingen, um Rüben zu ernten, hat mich so ein Bienenschwarm angegriffen, und ich hatte ganz viele Bienenstiche im Gesicht sowie auch am Körper und sah fürchterlich aus. Ich schrie vor Schmerzen und bin wild umhergelaufen. Der Mann aus diesem kleinen Häuschen kam mit allen kühlenden Sachen zu mir und hielt mir alles ins Gesicht, aber es half gar nichts. Ich sah furchtbar aus.

Nach ein paar Tagen zogen wir wieder weiter, und ich ging in ein Haus, um etwas zu erbetteln. Da sah ich in einer Ecke eine offene Bauerntruhe stehen. In der lagen viele Lederschuhe drin. Ich schnappte mir ein Paar davon, die ungefähr meine Schuhgröße sein konnten und bemerkte erst danach, dass auf einer alten Holzbank in der Stube ein alter Mann schlief. Ich überlegte nicht lange und ging schnell zum Haus raus. Meine Mutter redete mit einer Frau, die in der Nähe des Häuschens stand. Ich schlug einen anderen Weg ein und stand dann auf dem Rübenacker. Meine Mutter kam zu mir, und ich probierte erstmal die geklauten Schuhe an. Sie waren mir zu groß, aber das machte nichts. Ich riss ein Stück von den alten Fußlappen ab und stopfte die Schuhspitzen voll. Dann zog ich die Schuhe an und bekam keine nassen Füße mehr.

Über Litauen

Meine Mutter erbettelte sich irgendwann mal ein paar Holzlatschen. Die wurden dort fast von allen Leuten getragen, und die machten sie sich auch selber. Die Männer saßen immer herum und schnitzten irgendwelche Sachen aus Holz. Latschen, Holzlöffel und Suppenteller wurden daraus gemacht. Die Frauen und jungen Mädchen spannen Garne aus Wolle und Leinen. Daraus wurden dann alle Sachen gewebt, genäht oder sehr schöne, norwegische Musterpullover gestrickt. Ich habe das alles beobachtet und wollte es auch machen. Bei vielen Leuten durfte ich es auch probieren. Am Spinnrad habe ich mit großer Begeisterung gesessen, und die Schafswolle ging am einfachsten zu spinnen, weil die Wolle sich immer so fettig anfühlte. Leinen habe ich nicht so gerne gesponnen. Es war hart und beim Fadenziehen habe ich mir immer die Finger aufgeschnitten. Aber gemacht habe ich alle Arbeiten, die die Leute mir aufgegeben haben. Meine Mutter war da nicht für zu haben.

Die litauische Sprache habe ich auch ganz schnell gelernt. Meine Mutter kam da nicht mehr mit zurecht und hatte große Schwierigkeiten. Nun konnte ich in der Zwischenzeit Russisch und auch schon ganz gut Litauisch. Die Litauer sprachen aber nur noch geheim ihre Landessprache. Sie mussten auf Befehl der Russen als Amtssprache Russisch erlernen und auch sprechen, hatte man uns erzählt. Den strengen katholischen Glauben, den haben sie aber nie abgelegt. Immer gingen alle in die Kirchen, wenn sie nur konnten. An warmen Tagen gingen sie ohne Schuhwerk, um nur die Schuhe zu schonen. Erst vor der Kirche zogen sie dann wieder die Schuhe an, weil sie vielleicht nur ein Paar hatten. Es gab sehr viele arme Leute. Jede kleine Familie, die eine Ziege oder Kuh hatte, besaß auch eine Zentrifuge, um selbst Sahne, Rahm, Butter oder Buttermilch zu machen. Ich habe oftmals das Butterfass geschlagen. Dann nahm ich die Gelegenheit beim Schopfe und steckte mir manchmal ein wenig, noch nicht entrahmte Butter in den Mund. Das war köstlich. Die Leute machten sehr viele Gerichte aus Kartoffeln. Da gab es Kartoffelbrot und Kartoffelkuchen. Es schmeckte alles gut. Ich habe auch gesehen, wie die Leute aus Mohn und Leinen selber Öl gepresst haben, und die kalt ausgepressten Resteplatten bekamen dann die kleinen Kälbchen in Milch aufgelöst als Aufbaunahrung zu saufen. Das war was ganz Tolles für die.

Die Leute waren Selbstversorger in jeder Hinsicht. Ich weiß nicht, woher mein Interesse für das alles herkam. Meine Mutter schüttelte das alles ab. Viele Leute waren aber so arm und konnten uns nichts geben, weil sie selber nichts hatten. Sie wurden von Russen und Partisanen überfallen und mussten alles, was sie hatten, abgeben. Die Russen holten sich alles in der Nacht. Das war immer so, und ich kannte es aus Königsberg. Wir kamen zu einer Familie, die uns fragte, ob wir nicht für ein paar Tage auf dem Feld arbeiten wollten. Dankbar nahmen wir es an und freuten uns riesig. Ich musste den ganzen Tag Mist streuen, den der Bauer schon Tage vorher aufs Feld gefahren hatte. Meine Mutter ging mit der Bauersfrau die Kartoffeln rausnehmen, die der Mann mit einem Holzpflug gerodet hatte. Es kam der folgende Sonntag, und wir mussten mit in die Kirche fahren mit einer kleinen Kutsche. Die hatten die Kuh davorgespannt. Pferde hatten sie nicht.

Ein kleines Menschenkind

Als wir so ungefähr eine halbe Stunde weg waren, sahen wir in einem Straßengraben ein Kind liegen. Wir stiegen alle vom Wagen runter und mussten feststellen, dass es ein deutsches Bettelkind war. Es sah furchtbar aus, total entkräftet und vielleicht fünf oder sechs Jahre alt. Die litauische Frau und meine Mutter nahmen das Kind ganz vorsichtig auf den Wagen rauf, und dann fuhren wir wieder zurück zum Haus der Familie. Meine Mutter sagte zu der Frau, die auch ein wenig Deutsch sprechen konnte, sie möchte doch heißes Wasser zubereiten, damit wir das arme Kind erstmal saubermachen können. Die Kleine hatte den ganzen Körper voller Russenkrätze und Läuse, die fraßen das arme Menschenkind bald auf. Ich musste bei dieser Sache an meinen Bruder Herbert denken. Nun haben wir alle ganz schnell gehandelt. Die Frau stellte eine Zinkwanne in den Raum, und dann legte meine Mutter die Kleine ins Wasser, damit erstmal alles aufweichen konnte. Die Läuse schwammen in Massen um den kleinen Körper herum, und es wurden überhaupt nicht weniger, selbst nach mehrmaligem Wasserbad in der Wanne. Meine Mutter nahm nun eine Schere und schnitt dem Kind die total verfilzten Haare ab. Der ganze Schädel war eine einzige Schorfkruste, unter der die Läuse saßen. Das Mädel lag total erschöpft in der Wanne und sprach kaum ein Wort. Wir fragten nach ihrem Namen und wo sie denn gewohnt hatte, aber sie konnte uns das nicht sagen. Die Frau war so traurig darüber und hat nur geweint. Der Mann nahm die ganzen Sachen von dem Mädchen und zündete alles auf dem Hof mit Spiritus an. Als wir sie einigermaßen sauber hatten, legten wir sie in ein trockenes Tuch. Sie wurde von der Frau mit Crème eingerieben und fühlte sich bestimmt wie neu geboren. Dann legte die Frau das Kind ohne Namen ins warme Bett, und es schlief auch sofort ein. Gegessen hatte es nichts, aber Milch getrunken ohne Ende.

Für uns war es ein anstrengender Tag gewesen, wir konnten es nicht begreifen, wie so ein Kind das überlebt hatte. Wir waren aber alle überglücklich, einem kleinen Kind das Leben gerettet zu haben. Es war Zufall, dass wir da gerade vorbeikamen und es gefunden haben, denn die Straßen, die aussahen wie Feldwege, wurden nur von wenigen Menschen genutzt. Autos gab es überhaupt nicht, außer es kamen Russen irgendwo durchgefahren. Am nächsten Morgen war das Mädchen aufgewacht und war ganz ängstlich. Die Frau und meine Mutter zogen ihr viel zu große Kleidungsstücke an, die die Frau hatte. Es waren auch wieder Läuse am Körper, die kamen vom Kopf runter. Eine Woche später fing das Mädchen auch an zu sprechen, und wir erfuhren von ihr, dass sie noch einen Bruder hatte, und der hätte sie da im Graben zurückgelassen, weil sie nicht mehr laufen konnte. Sie hatten ihre Eltern in Königsberg an Hunger verloren und waren von einer Frau nach Litauen mitgenommen worden. Die Frau hat die Kinder dann im Stich gelassen und ist alleine weitergezogen. Mir standen die Tränen in den Augen. Ich war so traurig, weil ich an meine eigenen Geschwister denken musste und heulte nur immer vor mich hin. Meine Mutter fragte, was ich hätte, aber ich schwieg.

Das Mädchen erholte sich ganz prima, und die Frau sagte, wir müssten jetzt weitergehen, weil sie nicht so viel zu essen für uns alle hätten, und weil es auch gefährlich für sie ist, uns zu behalten. Das kleine Mädchen sollte aber für immer bei ihnen bleiben. Wir waren so froh, dass die Kleine ihr Zuhause gefunden hatte, und einen Namen würde sie auch noch bekommen. Meine Mutter und ich bedankten uns für die Herzlichkeit bei der Familie und gingen dann wieder weiter.

Tägliches Drama

Nun ging das tägliche Drama wieder für uns los, ob wir genug zu essen kriegen würden bei der Bettelei oder eine Bleibe für die Nacht. Es wurde nun auch schon immer kälter draußen und die Tage kürzer. Wenn es irgendwie möglich war, haben wir uns in Scheunen aufgehalten. Da war es halbwegs erträglich für uns. Wir mussten aber ewig aufpassen, dass uns die Hofhunde nicht aufspürten. Wir versuchten es meistens, durch Hintereingänge reinzukommen. Oftmals mussten wir vor Hunden das Weite suchen. Es gab genug Leute, die uns in den Scheunen aufstöberten und uns dann wegjagten. Dann gab es wieder welche, die uns den Stall zuwiesen. Da haben wir am liebsten drin geschlafen. Die Tiere gaben ganz viel Wärme ab, und da fühlten wir uns wohl. Zum Winter hin haben die Leute die Ställe überhaupt nicht ausgemistet. Das blieb bis zum Frühjahr alles im Stall liegen. Es kam jeden Tag frisches Stroh drauf, und die

Tiere hatten dadurch ein warmes Lager. Nach einiger Zeit sagte ich zu meiner Mutter: „Wie soll das eigentlich weitergehen? Jeden Tag müssen wir um unser Lager bangen. Was ist, wenn uns die Russen irgendwo erwischen?" Mutter meinte, dann verschleppen sie uns bestimmt nach Sibirien wie andere auch. Ich bekam dann immer eine panische Angst, wenn ich nur daran dachte, dass es so sein könnte. „Mutti,", sagte ich, „dann bringe ich mich vorher um, aber nicht nach Russland!"

Ich konnte das nicht verkraften, was sich in Königsberg abgespielt hatte. Ich litt furchtbar darunter, und nur weil wir jeden Tag woanders waren und immer wieder andere Gesichter um uns hatten, wurde ich davon etwas abgelenkt. Aber wenn ich Ruhe um mich hatte, war das Bild wieder da, und ich kam ins Grübeln über alles, was ich erlebt hatte. Da konnte mir auch keiner helfen. Meine Mutter hat da nie viel drüber geredet. Ich glaube, bei ihr war auch innen alles gestorben. Sie war irgendwie eine kranke Frau geworden. Ganz anders als früher. Wir beide hatten irgendwie keine Mutter-Kind-Beziehung mehr. Ich fühlte mich als total erwachsene Person, weil ich als kleines Kind schon so viel Schlimmes mitmachen musste. Ich dachte manchmal daran, wie es sein würde, wenn ich plötzlich zur Schule müsste, als Elf- oder Zwölfjährige. Ich konnte nicht mehr lesen, schreiben, rechnen und Sonstiges. Noch nicht mal mehr meine Muttersprache konnte ich richtig. Das kam dadurch, weil wir überhaupt nicht mehr mit Deutschen zusammen kamen. Es wurde ja nur Litauisch gesprochen. Ich konnte es immer besser sprechen, aber meiner Mutter lag es nicht. Deshalb musste ich auch immer alles bei den Leuten erbetteln.

Herberge gegen Arbeitskraft

Irgendwann, nach Wochen, kamen wir bei einem kleinen Bauernhof an, und die wollten uns für einige Zeit behalten, aber nur, wenn wir jeden Tag in den Wald mitgehen würden, um Holz zu fällen und es dann zu zersägen. Irgendwie waren wir ganz froh darüber, für einige Zeit eine Bleibe zu haben, denn es ging zum Winter hin, und der war bitterkalt. Wir wurden bei den Leuten gut aufgenommen. Wir bekamen Milch und Brot mit, wenn wir mit dem Bauern und zwei Söhnen in den Wald fuhren. Es war ein Ochsenkarren, der uns jeden Tag dorthin brachte. Es war schon furchtbar kalt, aber wir bissen die Zähne zusammen und hielten durch. Die Waldgegend bestand nur aus Birken und Kiefern, und es wurden nur die Birken gefällt. Meine Mutter und ich haben dann mit einer Schrotsäge die gefällten Bäume zu Meterstücken zersägt. Das war für uns vielleicht eine Quälerei, aber was sollten wir in unserer Notlage machen. Wenn es Abend war und wir zum Hof zurückfuhren, waren wir so kaputt, dass wir kaum noch unsere Suppe essen konnten. Wir gingen in den Kuhstall und sind vor Müdigkeit fast umgefallen. So ging das ungefähr drei Wochen, aber dann konnten wir es nicht mehr aushalten und haben uns eines Abends weggeschlichen.

Wir liefen umher, um ein Quartier für die Nacht zu bekommen, und da nahm uns eine Familie auf. Die hatten vier Kinder. Ich freute mich riesig, mich mal mit

Kindern auf Litauisch unterhalten zu können. Ein Kind davon war ein blinder Junge, und der wollte alles von mir wissen, wer ich war und wo ich herkam. Ich habe ihm dann gesagt, dass ich ein deutsches Bettelkind bin, und damit konnte er überhaupt nichts anfangen. Seine Mutter hat dann alles noch mal erzählt, aber es war zu schwer, es zu verstehen. Er war genauso alt wie ich. Dort blieben wir dann eine Woche und waren überglücklich. Meine Mutter half der Frau beim Wäsche waschen, und ich habe in der Küche geholfen, wenn gebuttert oder wenn Brot gebacken wurde. Dann habe ich die Laibe geformt. Die hatten einen Lehmofen, wo auch drin gebacken wurde. Diese Art Öfen standen fast in jedem Haus. Wenn das Brot aus dem Backofen geholt wurde und der Duft durch den Raum zog, lief uns das Wasser im Mund zusammen. War das Brot abgekühlt, bekamen alle Kinder erstmal einen Kampen davon abgebrochen und einen Blechtopf voll frischer Milch.

Ich fühlte mich in dieser Umgebung sehr wohl und war ganz traurig, als wir wieder weiterziehen mussten bei der großen Kälte. Ich hatte Glück, dass die Frau mir eine warme Wattesteppjacke geschenkt hatte, die von ihren Kindern war. Auch selbst gestrickte Strümpfe und Handschuhe bekam ich von ihr. Ich bin ihr vor lauter Freude um den Hals gefallen, und wir haben beide geweint. Ich sagte zu ihr, vielleicht kommen wir im nächsten Jahr mal wieder hierher und besuchen sie. Das könnten wir machen, sagte sie. Wir Kinder hatten uns alle angefreundet, und meine Mutter hatte sich mit der Frau gut verstanden. Der Mann konnte auch ein wenig unsere Sprache sprechen. Er war mal in Deutschland gewesen. Als meine Mutter und ich nun wieder umherzogen, haben wir noch oft an diese liebe Familie gedacht.

Aber wir hatten in diesem Winter immer wieder Glück, dass uns irgendwer für ein oder zwei Tage aufnahm. Zwar mussten die Leute immer sehr aufpassen, dass sie nicht von den Russen dabei erwischt wurden, denn sonst wäre es böse für sie ausgegangen. Aber bei der Kälte machten die auch nicht so oft die Durchsuchungen in den Häusern. Wir hatten auch manchmal die Möglichkeit, in irgendeiner Kirche unterzukommen und da zu übernachten. Die waren oftmals offen, und das war ein Glück für uns. Jetzt im Winter gingen auch weniger Leute da rein und die Russen gar nicht. Das haben wir alles beobachtet. Dadurch, dass wir uns ständig bewegten, trotzten wir der großen Kälte um uns herum. Wir waren auch abgehärtet und hatten kaum eine Erkältungskrankheit zu überstehen. Die heiße Milch, die wir uns jeden Tag erbettelten, tat unseren Körpern gut.

Als wir so einige Wochen umhergewandert waren, kamen wir wieder in die Gegend des Memelflusses und waren bei einer Fischerfamilie aufgenommen worden. Die Memel war zugefroren und hatte eine dicke Eisschicht. Ich bin dann da drauf gegangen und habe mir eine richtig glatte Eisbahn angelegt. Die Leute hatten zwei Töchter, die ungefähr so alt waren wie ich, und wir hatten uns schnell angefreundet. Wir spielten miteinander auf dem glatten Eis. Bei diesen Leuten konnte ich mich auch mal richtig in einen Badetrog setzen und ein warmes Bad genießen. Das war vorher nur ein Traum von mir gewesen. Ich fühlte mich wie ein König in dieser Umgebung. Die waren ganz lieb zu uns. Meine Mutter hat da versucht, das Weben zu erlernen, aber es klappte bei ihr überhaupt nicht. Ich habe es auch gemacht und habe große Freude daran gefunden. Auch ans Spinnrad durfte ich ran und habe Schafswolle gesponnen.

Das war die Arbeit, welche die Leute den ganzen Winter über machten. Ich wollte alles lernen, was sie mir zeigten, und meine Mutter schüttelte oftmals den Kopf über mich. Ich habe auch die katholischen Gebete und Lieder gelernt, wenn die Leute sie sprachen oder sangen. Dann waren sie immer erfreut, zu sehen, dass da ein deutsches Bettelkind ihre Sitten und Gebräuche annahm. Als nun ein paar Tage vergangen waren, tippelten wir wieder weiter und nahmen Abschied von der Familie. Wir versprachen, im Sommer mal wieder hierher zu kommen, wenn wir's erleben. Die Frau hatte mir noch einen dicken Pullover und einen Leinenrock geschenkt. Meine Mutter hatte eine dicke Strickjacke von der Frau erhalten. Das war eine große Hilfe bei der Kälte.

Nun fragten wir wieder jeden Abend um Obdach, denn wenn wir draußen bleiben müssten, würden wir uns bestimmt Erfrierungen einholen. Das wäre schlimm für uns. Die Leute hatten auch Verständnis für unsere Situation und halfen uns, auch wenn es nur der Stall war. Tag für Tag wiederholte sich das gleiche Schicksal, um nur zu überleben. Wir mussten immer zusehen, dass es auch mal eine frische Mahlzeit für uns gab, um bei Kräften zu bleiben. Die tägliche Kälte machte uns das Gehen nicht immer einfach, und wir machten uns in die Wälder und saßen dann zusammengekauert unterm Dickicht oder unter Tannen.

Ein wenig Sonne

Nun ging es langsam zum Frühling hin, und die Sonne gab uns am Tag die Wärme, die wir brauchten, um durchzuhalten. Wir sahen auch schon ab und an einen Bauern auf den Feldern, der seine kleinen Äcker in Ordnung brachte. Dann haben wir noch beobachtet, wie die Leute in die Birkenwälder gingen und bestimmte Birkenbäume aussuchten, um Röhrchen in den Baum zu stecken. Die Löcher wurden vorher in den Stamm mit einem Handbohrer reingedreht. Da tropfte dann Birkensaft in unten aufgestellte Behälter rein. Waren die Behälter voll, wurden sie mit nach Hause genommen und in Holztonnen gefüllt. Wenn sie genug Saft hatten, kam Holzasche aus ihren Öfen hinzu, und das musste einige Zeit durchziehen. Danach hatten sie eine griffige Lauge, die fürs Händewaschen verwendet wurde. Aus einfachen Mitteln wurde was hergestellt, und es klappte immer. Nur die Not bringt uns dazu.

Jetzt nahmen uns die Leute wieder leichter auf, weil sie uns dann für irgendwelche Feldarbeit gebrauchen konnten. Meistens war es, den Stall entmisten oder stundenlang Mist streuen auf irgendeinem Acker. Danach wurde dann alles mit einem Holzpflug, gezogen von Ochsen und Pferden, umgepflügt. Wir haben auch Kartoffeln in die Erde gelegt und angehäufelt. Für mich war es eine schwere Arbeit, ständig so einen selbstgeflochtenen Weidenkorb voll Kartoffeln hinter mir herzuschleppen. Wenn wir auf den Feldern waren, mussten wir ganz gewaltig aufpassen, nicht erwischt zu werden. Die Russen fuhren überall lang, nur ungern an Feldern vorbei, weil sich dort die Partisanen verschanzt hatten. Wir mussten uns auch vorsehen vor Litauern, die den Russen gut gesonnen waren. Da wären wir ganz bestimmt verloren gewesen.

Manchmal haben wir uns im Kreis gedreht. Da wir keine Uhr hatten, kamen wir uns vor wie verlorene Kinder und hatten kein Zeitgefühl. Die Sonne war unsere

Uhr. Nach ihr haben wir uns orientieren können. Am meisten hielten wir uns dort auf, wo Wälder waren. Da konnten wir immer gleich verschwinden, wenn irgendwo Gefahr für uns drohte. Jetzt, zum Sommer hin, trafen wir auch wieder viele Partisanen an, und wir hatten den Verdacht, dass es immer mehr wurden. Die hatten ihre Unterschlüpfe im Wald unter dem Waldboden ausgehoben. Wenn wir manchmal welche am Waldrand trafen, hielten sie uns an, sie nicht zu verraten, egal an wen. Wir hatten große Angst und sagten niemandem was. Die Leute hatten alle Angst vor russischen Überfällen in den Nächten und suchten immer mehr Schutz bei den Partisanen. Somit nahmen auch die Gräueltaten auf beiden Seiten zu. Wir aber waren richtig abgestumpft. Uns hat das gar nichts mehr ausgemacht, wenn wir davor standen und uns die Toten angesehen haben.

Die Litauer mussten nun auch ihre Felder bestellen oder abernten. Das vollzog sich alles mit gemischten Gefühlen, weil immer die Angst im Nacken war, es könnte was passieren. Wir wurden ab und zu von Leuten angesprochen, ob wir nicht Heu wenden oder Kartoffeln pflanzen wollten. Wir freuten uns dann immer, für ein paar Tage eine Bleibe gefunden zu haben.

Nun kam die Zeit für uns. Denn wenn es draußen wärmer wurde, konnten wir auch in der Freiheit übernachten. Wir legten uns unter die kleinen Heuhaufen auf Wiesen. Am liebsten aber waren wir in Tannenschonungen, da war es dicht und dunkel, es sah uns kein Russe und auch kein Partisan. So durchstreiften wir fast das ganze Land, immer eine andere Gegend vor uns, und man sah immer wieder deutsche Kinder, total verwahrlost, auf sich ganz allein angewiesen. Die Leute bezeichneten uns als ausgehungerte Wolfskinder aus

Ostpreußen, und sie hatten sogar Recht. Was anderes waren wir auch nicht.

Ewig im Kreis?

Nun kam erstmal der Herbst auf uns zu, und der furchtbare Gedanke an den Winter wurde verdrängt. Meine Mutter und ich hatten den Weg zur Memel eingeschlagen Wir tippelten und tippelten über Wochen, bis wir sie wieder erreichten. Im Wasser konnten wir uns richtig reinigen. Nun gingen wir zu den weit entfernten Fischerhäuschen, betteln und bekamen ab und zu mal einen geräucherten Fisch zu essen. Täglich fuhren die kleinen Fischerboote raus, um was zu fangen. Sie stellten auch kleine Reusen auf oder legten Netze aus. Ich hatte einmal das Glück, mit einem Boot mitfahren zu dürfen und war ganz aufgeregt gewesen. Früher durfte ich ja bei meinem Onkel Karl mitfahren, wenn der im Hafenbecken Kohle gefischt hat, die die Kräne beim Verladen der Schleppkähne im Hafenbecken verloren haben.

Wir blieben bis zum Spätherbst in der Nähe des Flusses und brachten uns so durch. Einmal konnten wir bei einer Fischerfamilie fast zwei Wochen bleiben, weil die uns brauchten, um Weidenkörbe zu flechten, die sie in Kaunas verkaufen wollten. Ich durfte dann auch nach Kaunas mitfahren. Das lief so ab: Wir wurden mit einem Ruderboot zum Dampfer hingebracht, der mitten in der Memel anhielt. Die Raddampfer können nicht an Land anlegen, weil die Memel viele Sandbänke hat. Für mich war es ein Abenteuer, das ich in vollen Zügen genossen habe. Wir hatten ein paar Körbe und etliche Räucherfische mitgenommen. Das alles wurde auf dem Markt getauscht. Wir haben jede Menge Salz mit nach Hause genommen. Das wurde gehandelt wie Gold. Es war eben alles Mangelware für den täglichen Gebrauch. Die Leute mussten auch sehen, wie sie an Ware rankamen.

Dann waren wir wieder vogelfrei und gingen tagein, tagaus durch die Gegend und fragten uns, wann das alles mal ein Ende für uns hat. Wir waren ja im Grunde schlechter dran als Tiere. Die konnten am Abend in den Stall reingeholt werden, wenn es jetzt immer kälter wurde, aber wir waren jedem Wetter ausgesetzt und nirgends zu Hause. Der Gedanke machte mich manchmal so traurig, dass ich gar nicht mehr weiter wollte. Ich blieb dann einfach stehen und sagte zu meiner Mutter: „Mutti, warum müssen wir das alles nur durchmachen? Ich habe doch nichts getan. Warum mussten die ganzen Menschen in Königsberg verhungern und erfrieren?" Wir haben dann beide fürchterlich geweint, und meine Mutter konnte mir auch nichts mehr dazu sagen.

Ich hatte richtige Angst, weil jetzt der kalte Winter wieder auf uns zukam und wir nicht wussten, ob wir es überleben würden. Die Leute trauten sich nicht mehr, die Deutschen anzunehmen, weil es schwer bestraft wurde. Der Abtransport nach Sibirien hat sie abgeschreckt. Wir zogen wieder ins Landesinnere und suchten Schutz in den Wäldern. Auf abgeernteten Feldern fanden wir noch manchmal ein paar Kartoffeln. Die haben wir dann auf Stein gebacken. Das war ein Genuss für uns. Obst gab es nicht viel. Hier und da mal ein Apfel oder eine Birne. Ich war immer froh, wenn ich irgendwo auf einer Weide noch eine Kuh entdeckte. Dann lief ich hin und habe mir den Blechtopf voll Milch gemolken. Nicht immer ließen sie es sich gefallen und traten heftig mit ihren Hinterbeinen. Blitzschnell habe ich dann die Flucht ergriffen. Meine Mutter traute es sich gar nicht, daran zu gehen. Jetzt wurde auch ab und zu mal ein Schwein geschlachtet, und da freuten wir uns riesig, wenn wir mal einen Blechtopf voll Brühe abbekamen oder ein Stückchen Speck. Das war aber die totale Ausnahme.

Nun wurde es auch schon früher dunkel, und wir tippelten auf Häuser zu, wo ein Lichtschein erschien, mit der Hoffnung, eine Bleibe für die Nacht zu kriegen. Meistens bekamen wir eine Absage. Die Leute hatten eben Angst. Aber wir müssen wohl einen so erbärmlichen Eindruck hinterlassen haben, dass doch einige uns in Stall oder Scheune aufnahmen. Aber uns ist es sehr oft passiert, dass wir uns im Tannendickicht aneinandergedrückt und übernachtet haben, und wenn es hell wurde, standen wir stocksteif da und sind umhergesprungen, damit wir wieder warm wurden. Dazu kam noch, dass wir keine richtigen Anziehsachen hatten, und jetzt mussten wir wieder zusehen, dass wir uns wieder was für die kalten Wintertage besorgen, und wenn es auch wieder von irgendeiner Wäscheleine geklaut war.

Eines Tages wurde meine Mutter von einem Mann, der an einer Straße stand, angesprochen. Sie verstand nicht, was er wollte. Ich sagte zu Mutti, der fragt, ob wir zu ihm mitwollen. Wir waren sehr vorsichtig und sagten „Nein". Ich hatte kein gutes Gefühl bei dieser Sache, und wir machten uns schnellstens davon. Ich hatte auf einmal große Angst und ich sagte: „Mutti, lass uns weit weggehen. Nicht, dass der noch hinter uns herkommt." Wir waren bestimmt mehrere Kilometer gelaufen bis zum Abend. Nun fragten wir an einem Haus wegen einer Übernachtung, und ich erzählte, was uns passiert war, und dass wir immer noch Angst hätten. Da sagte die Frau, die vielleicht etwas älter war als meine Mutter, dass es vielleicht ein Russe war, der uns irgendwohin mitlocken wollte, um meine Mutter zu vergewaltigen. Sie hatte gehört, dass in letzter Zeit auch etliche litauische Frauen geschändet worden waren, denen die Männer verschleppt waren. Die Leute hätten alle Angst vor nächtlichen Überfällen von den russischen Soldaten. Das war eine Gegend, die für uns überhaupt nichts war, und wir haben uns am nächsten Tag gleich davongemacht. Wir versuchten uns, so gut es ging, immer versteckt zu halten, wenn wir irgendjemanden sahen. Wir hatten großes Glück. Uns ist nichts passiert.

Womit haben wir das nur verdient?

Zum Abend trafen wir ein deutsches Bettelmädchen, das auch ungefähr so alt war wie ich, aber nicht mehr viel Deutsch sprach. Wir unterhielten uns auf Russisch, das konnte sie besser als Litauisch, und sie sagte, dass sie ganz alleine umherziehen würde. Ihre Mutter war von russischen Soldaten vergewaltigt worden und ist dann später gestorben. Ihr Vater war im Krieg, und sie war auch aus Königsberg abgehauen vor ein paar Monaten.

Wir trennten uns dann wieder, und jeder ging seinen eigenen Weg. Später sagte ich zu meiner Mutter: „Mutti, warum haben wir das Mädchen nicht gefragt, ob sie mit uns gehen will." – „Das wäre zu gefährlich für uns alle. Da würde uns gar keiner mehr aufnehmen." Wir mussten uns jetzt um eine Übernachtung kümmern, denn es war schon kalt, und ich dachte an das arme

Menschenkind. Wo die wohl unterkommen würde in dieser Nacht?

Als wir in der Ferne ein Licht schimmern sahen, gingen wir zielstrebig darauf zu. Der Hund, der an der Laufkette war, hatte uns schon gewittert und bellte wie verrückt, und es meldete sich eine männliche Stimme. Ich sagte, dass wir Deutsche sind und bat um ein Nachtquartier. Er überlegte erst, und dann sagte er, wir sollten hineinkommen. Wir durften in das kleine Holzhäuschen rein, und da saßen vier Kinder, eine Frau, sowie Opa und Oma. Sie fragten, woher wir kommen und gaben uns zu essen. Wir waren überglücklich, unter einem Dach zu sein. Die hatten einen hohen Lehmofen. Da krochen alle Kinder rauf, um zu schlafen. Nebenan war noch eine kleine Kammer. Dorthin verzogen sich der Opa und die Oma. Der Mann und die Frau holten zwei aufgepluderte Strohsäcke rein. Auf einen legten sie sich drauf, mitten im Raum, und in einer Ecke nahmen wir uns den anderen. Mit unseren eigenen Sachen, die wir am Körper hatten, legten wir uns hin. Am nächsten Morgen weckte der Mann uns ganz früh und sagte, wir sollten wieder weggehen. Die hatten Angst, dass vielleicht Russen in der Nähe wären und Kontrolle machen könnten. Wir bekamen noch ein Stück Brot und etwas Milch zu trinken, und dann zogen wir ganz früh los und merkten dabei, wie kalt es schon war.

In den folgenden Tagen hatten wir Glück. Wir hatten wieder einen Weideschuppen entdeckt. Es waren keine Kühe mehr auf der Weide, daher nahmen wir den gleich in Beschlag. Hatten uns aus dem in der Nähe liegenden Wald trockenes Reisig hergeholt, und es lag noch etwas Stroh in der Hütte. Wir machten uns ein Nachtlager für ein paar Tage. Am Tag zogen wir umher, und am Abend krochen wir eng aneinander liegend in die Hütte rein. Die Hauptsache war doch, dass wir nicht unter freiem Himmel liegen mussten. Ich hatte aber immer Angst wegen der Partisanen oder Russen. Die hätten uns gleich abtransportiert. In der Zwischenzeit haben ich und meine Mutter eine Familie angetroffen, die uns ein Paar selbst gestrickte Socken schenkte. Das war was ganz Tolles, wieder schön, warme Füße in unseren Holzpantinen zu haben. Von einer Wäscheleine konnte ich dann für meine Mutter einen grünen Leinenrock und ein Kopftuch ergattern. Die war erstmal ganz froh darüber. Einige Zeit später bekam ich einen Pullover im Norwegermuster geschenkt. Na, das war erst was! Ich konnte es kaum fassen, und der war so schön warm! Unsere Bleibe hatten wir, bis der erste Schnee fiel. Da mussten wir weiterziehen, weil wir von den Leuten nichts mehr bekamen. Wir gingen ja auch jeden Tag dahin, um zu betteln. Die konnten es nicht mehr ertragen, dass wir vor ihnen standen.

Jetzt, wo der Schnee überall war und die Kälte dazu kam, war es die schlimmste Zeit für uns und all die anderen Bettelkinder. Jeden Tag nur ums Überleben kämpfen. Womit hatten wir das nur verdient? Wir kamen uns vor wie Ratten, immer auf der Flucht vor irgendetwas. Die Leute wurden unser auch überdrüssig, weil es immer mehr wurden, die durch das Land wanderten. Auch die Litauer hatten nicht viel und wurden ständig von den Russen und Partisanen ausgeraubt. Die Kämpfe zwischen denen hörten auch nicht auf. Wir konnten es gar nicht verstehen, warum es so war. Wir wussten ja überhaupt nichts von der übrigen Welt oder was außerhalb von Litauen los war, oder ob es überhaupt noch was anderes als Litauen gab. Jahreszahlen, Monate, Tage oder ein Zeitgefühl gab es für uns nicht. Wir waren halt keine Menschen mehr, nur noch Wolfskinder, die sich im Kreis drehten oder umherliefen. Manchmal sagte ich zu meiner Mutter: „Mutti, was soll bloß aus uns werden? Ich kann nicht lesen, nicht schreiben, nicht rechnen und nicht mehr richtig Deutsch sprechen." – „Ich weiß es auch nicht, wie das mal enden soll. Wären wir doch bloß alle krepiert, dann brauchten wir das nicht mehr miterleben." Weinend gingen wir oftmals durch die Gegend und waren am Ende, aber wir rafften uns immer wieder auf.

Als wir so durch die Gegend tippelten, bemerkten wir, dass immer mehr Lastwagen mit russischen Soldaten auf den sehr schlechten Landstraßen lang fuhren. Meine Mutter sagte dann immer, die haben doch was mit den Menschen vor, die hier in der Gegend wohnen, und tatsächlich erfuhren wir von einigen Leuten, dass sie viele Männer von ihren Familien weggeholt haben, und keiner wusste, wohin sie verschleppt worden waren. Wir bekamen Angst und wussten nicht, wohin wir gehen sollten. Da kamen wir, wie so oft, an einem Wald vorbei und bemerkten, dass da Partisanen hausten. Sie sprachen uns an und fragten, wo wir herkamen und wer wir waren, und ob wir in den letzten Tagen viele Russen gesehen hätten. Sie sagten zu uns, wir sollten aus dieser Gegend verschwinden. Es könnten irgendwelche Kämpfe vorkommen, und es wäre gefährlich für uns. Wir befolgten den Rat und machten uns weit weg. Abends waren wir so kaputt, dass wir kaum noch laufen konnten.

Wir machten uns auf ein Holzhäuschen zu und fragten wegen einer Übernachtung. Ein älteres Ehepaar ging mit uns zu einem kleinen Stall hin. Es waren drei Schweine drin und ein paar Schafe. Wir konnten uns in eine Ecke legen und schlafen. Überglücklich fielen wir in die Ecke. Es war so schön bei den Tieren. Da schliefen wir im Winter am liebsten. Die gaben so viel Wärme ab. Wenn dann noch irgendwo eine Kuh oder Ziege drinstand, hatten wir auch gleich noch die Milch dazu. Ich hielt dann gleich beim Melken die Zitze vom Euter in meinen Mund rein und trank die warme Milch. Gefreut haben wir uns auch über ein volles Hühnernest mit frischen Eiern. Die wurden gleich von uns aufgeschlagen und roh getrunken. Das gab uns viel Kraft. Ich wüsste nicht, dass wir jemals einen Arzt aufgesucht haben. Alles haben wir ertragen.

Bei den Leuten, die uns aufgenommen hatten, durften wir ein paar Tage bleiben, aber sie nahmen uns nicht ins Haus mit rein, aus Angst, es könnte jemand sehen, dass sie Deutsche aufgenommen hatten. Wir hielten uns den ganzen Tag im Stall auf und haben ein bisschen mitgeholfen, den Stall zu misten und Stroh hinzustreuen. Die meiste Zeit haben wir geschlafen und uns ausgeruht für die nächsten Tage, wenn wir wieder in die Kälte raus mussten. Von der Frau bekam meine Mutter eine alte Jacke und einen Pullover. Das war ein tolles Geschenk, und meine Mutter war ganz glücklich darüber. Für mich hatte sie ein Paar selbst gestrickte Fausthandschuhe. Es war wunderbar, warme Hände beim Laufen zu haben. Sonst habe ich mir die eiskalten Hände, wenn sie vor Kälte schon kribbelten, mit Schnee gerieben. Es war manchmal nicht zu ertragen, so schmerzten die Finger. Wir waren ganz traurig, als wir wieder weggehen mussten, aber das war eben so.

Eines Tages, es muss wohl ein Sonntag gewesen sein, denn die Leute gingen oder fuhren mit Pferdeschlitten zur Kirche, haben wir entdeckt, dass die Kirchentür im nächsten Ort auf war. Da haben wir uns reingeschlichen und uns in eine versteckte Ecke gesetzt. Es hatte uns keiner gesehen. Meine Mutter sagte, die bleibt bestimmt ein paar Stunden auf, und so lange werden wir hier drin bleiben. Gegen Abend kam dann ein Pfarrer in die Kirche, und da sind wir auf allen Vieren rausgekrochen.

Endlich eine Bleibe

Die trockene Kälte ging uns durch und durch. Es knirschte unter den Füßen, wenn wir so durch die Gegend tippelten. Eines Tages kamen wir in eine Gegend, wo eine Windmühle zu sehen war und in weiten Abständen vier Häuschen, alle aus Holzbalken gebaut. Wir gingen drauf zu, um für uns was Essbares zu erbetteln. Eine Familie nahm uns in die einzige große Stube rein, und wir bekamen dann eine warme Mahlzeit. Wir mussten aber vorher ein Gebet auf Litauisch mitsprechen. Als wir unser Mahl gegessen hatten, gingen wir wieder los, weil die Leute es so befohlen hatten. Ich wollte zu der Windmühle hin und mir das alles mal ansehen.

Wir kamen dort an, und es kam uns ein Mann entgegen, und er fragte, wo wir hinwollten. Wir erzählten, dass wir schon lange umherlaufen würden und es bald nicht mehr ertragen könnten, bei der Kälte immer nur draußen zu sein. Er hatte scheinbar großes Mitleid mit uns und nahm uns erstmal in die Mühle rein. Er ging dann für eine Weile fort, und wir waren allein. Wir bekamen Angst und wollten wieder weggehen. Aber da sahen wir, dass der Mann mit einer Frau aus dem Haus auf uns zukam. Die waren sehr freundlich zu uns, und wir hatten auch gleich Vertrauen zu ihnen. Er fragte meine Mutter, ob ich nicht bei ihnen bleiben könnte. Ich habe es meiner Mutter auf Deutsch übersetzt, und die war erstmal ganz baff und sagte gar nichts. Ich dagegen war so glücklich, hier bleiben zu können, dass ich sagte: „Ich will hier bleiben, Mutti. Lass mich hier. Du kannst ja auch immer herkommen und gucken, wie es mit mir ist. Bitte, bitte, ich will nicht mehr betteln gehen. Ich bleibe hier." Ich weiß nicht, was mit mir los war, aber ich hatte für mich entschieden und dabei blieb es. Meine Mutter sah es ein, und ich ließ es zu. Sie nahmen uns mit ins Haus. Es bestand aus einem Raum, wo alle drin wohnten, und darin stand ein großer Lehmofen mit einem Aufbau, wo die Leute auch drauf schlafen konnten. Dann war ein kleiner Flur dabei, und nebenan waren noch zwei kleine Zimmer, alle mit selbst gezimmerten Möbeln drin. Es war irgendwie gemütlich. Ich durfte mir alles ansehen, und er sagte, das kleinste Zimmer ist für mich, und meine Mutter könnte auch erst ein paar Tage hier bleiben. Ich dürfte aber ab sofort kein Deutsch mehr sprechen, sondern nur alles in litauischer Sprache oder auch Russisch. Mir war das alles egal. Hauptsache, ich konnte da bleiben.

Ich hatte plötzlich eine Bleibe. Ich konnte es nicht fassen. Wir bekamen jetzt erstmal ein schönes, warmes Essen. Es war ein Kartoffelgericht und schmeckte ganz toll. Meine Mutter schlief bei mir mit im Zimmer auf einem am Boden liegenden Strohsack. Ich konnte dagegen das erste Mal in einem Bett aus alten Zeiten schlafen, was auch mit einem Strohsack ausgelegt war. Dazu bekam ich eine Wolldecke zum Zudecken. Ich habe mich zuvor erstmal richtig mit Wasser und Kernseife gewaschen und dabei festgestellt, wie ich von Flohstichen am Körper zerstochen war. Dicke Quaddeln hatte ich überall vom Kratzen auf der Haut. Meine Mutter hat sich ebenfalls mal richtig waschen können.

Wir haben anschließend geschlafen wie im Tiefschlaf. Nachts hörte ich ein klägliches Geschrei aus dem Häuschen her. Ich bekam eine große Angst und rief meine Mutter aus dem Schlaf. Sie hörte sich das auch an und sagte zu mir, es hört sich an wie junge Katzen. Sie ging aus dem Zimmer und tatsächlich, hinter unserer Tür lagen fünf neugeborene Katzen. Wir ließen sie dort liegen, und am nächsten Morgen konnte ich sie bewundern. Sie konnten noch nicht sehen. Das kam ein paar Tage später. Ich habe sie dann jeden Tag mit Milch versorgt, die ich bei den zwei Kühen jeden Morgen und Abend gemolken habe. Die Stallarbeit wurde ab jetzt meine Hauptarbeit und ich habe es mit einer riesigen Freude durchgeführt.

Meine Mutter blieb noch ein paar Tage dort und hat auch ein wenig gearbeitet, und dann musste sie für sich ganz allein auf Betteltour losgehen. Wir nahmen voneinander Abschied, und es fiel mir zuerst gar nicht schwer, die Trennung zwischen uns. Mutter versprach mir, ab und zu mal vorbeizukommen, um zu sehen, wie es mir ergeht. Darüber war ich ganz froh und hatte für mich ein sehr gutes Gefühl. Die Frau hat meine Mutter noch mit Brot, Speck und Milch versorgt. Auch hatte sie ihr ein Paar alte Filzstiefel, einen gestrickten Rock und einen dicken Schal geschenkt, damit sie etwas wärmer am Körper war in der beißenden Kälte.

So was wie Alltag

Als sie nun weggegangen war und ich ihr noch lange nachguckte, wurde ich so traurig. Ich lief in den Stall rein, setzte mich in eine Ecke und fing fürchterlich zu weinen an. Mir kam plötzlich der Gedanke an meine Geschwister. Es war sehr schlimm für mich. Ich dachte, jetzt bin ich ganz allein und habe niemanden mehr. Am liebsten wäre ich jetzt meiner Mutter hinterher gelaufen, aber ich riss mich zusammen und dachte, dann muss ich irgendwann mal sterben, wenn wir nichts mehr zu essen kriegen. Dieser Gedanke hat mich so gepackt, dass ich aufstand und in das Haus zu den Leuten reinging. Die sahen mir an, dass ich geweint hatte. Da nahm mich die Frau und hat mich getröstet. Sie wollte gut zu mir sein, und ich sollte nicht traurig sein. Die Angst überfiel mich, und ich konnte in der folgenden Nacht nicht schlafen. Ich dachte ständig, was wird bloß mit mir werden, wenn ich jetzt hier bleiben werde.

Die ersten Tage waren sehr schwer für mich, aber mit der Zeit gewöhnte ich mich an alles, auch, dass ich da arbeiten musste. Der Mann war fast immer in der Mühle und hatte dort seine Arbeit. Die Frau und ich haben alles so im Haus und Stall getan. Sie zeigte mir alle Arbeiten, die mit dem Haushalt zusammenhingen, wie Brotbacken, Strümpfe stricken, Stoffe weben, Wolle färben, Wolle und Flachs spinnen und natürlich den Stall sauber halten. Es hat mir aber alles Spaß gemacht, es zu erlernen. Ich musste sogar Handreichungen beim Schnapsbrennen machen, und der wurde nur des Nachts gebrannt.

Ich habe es erlebt, dass da manchmal sogar Russen da waren. Der Sohn von diesen Leuten hatte nämlich russische Bekannte und dann wurde immer gefeiert. Die Russen haben gar nicht bemerkt, dass ich ein deutsches Kind war. Der Mann hatte denen erzählt, ich wäre eine Verwandte von ihnen. Ich sprach nur Litauisch und Russisch, und die haben es geglaubt. Ich war nun schon ein paar Wochen da, und dann wurde ein Schwein geschlachtet. Morgens wurde es auf den kleinen Hof getrieben, aus der Nachbarschaft kam da jemand, der es tötete, und dann wurde es auf die Seite gelegt, weil es mit Strohbüscheln abgebrannt und dann heiß überbrüht wurde. Hinterher wurden die Borsten abgekratzt. Da konnte ich mich mal so richtig an Fleisch satt essen. So was hatte ich in den letzten Jahren nicht mehr erlebt. Die Fleischbrühe war mit das Beste. Dann wurde alles eingepökelt, damit es lange haltbar war. Die Frau hat auch immer einen ganz tollen Kartoffelkuchen gebacken. Da kamen Speckgrieben, gekochte Kartoffel, Zwiebel, rohe Kartoffel, Salz, Pfeffer, Eier und Sahne rein, und das wurde auf einem Blech im Backofen gebacken. Manchmal war da eine Abwandlung, dann legte sie das Ganze in einen Kochtopf. Da kam dann in die Mitte ein Stück Fleisch rein, und es wurde auf der Ringherdplatte im Lehmofen gekocht. Es schmeckte alles sehr gut. Da habe ich immer aufgepasst, wie sie alles gemacht hat. Wenn ich die Zimmer saubergemacht habe, nahm ich eine kleine, holzgeschnitzte Schüssel mit Wasser in die Hand, tröpfelte die ganze Stube damit aus, damit es auf dem Fußboden nicht so staubte, kehrte dann den Dreck mit einem selbst gemachten Birkenbesen aus. Der Boden war vom vielen Fegen in den Jahren vorher schon richtig wölbig geworden. Die selbst geschnitzten Möbel standen schon ganz schön schief in der Stube umher.

Nun war die kalte Jahreszeit da, und ich dachte immer an meine Mutter, ob die eine Bleibe kriegen würde, wenn es zum Abend hinging. Ich dachte, irgendwann wird sie bestimmt herkommen und mich wieder mitnehmen. Ich wollte aber nicht mehr weg von hier. Endlich fühlte ich mich wieder als Mensch und wollte alles andere verdrängen. Aber es ging nicht, denn ich hatte des Nachts immer große Angst, mich könnte vielleicht irgendjemand von hier wegholen. Auch dachte ich ewig an meine Geschwister, wie sie wohl ausgesehen haben, als sie verhungert sind.

Ein paar Wochen später wurde ich richtig krank von diesen schlimmen Gedanken. Ich wollte nicht mehr essen, und die Leute haben es mit viel Zusprache versucht, mich wieder aufzupäppeln. Es hat aber nicht viel geholfen. Meine kleine Seele war irgendwie angeschlagen. Die haben das auch bemerkt. Ich hatte auch keine große Lust mehr, was zu machen, bis eines Tages die Leute mal ein paar junge Mädchen zu sich einluden. Die waren aus den umliegenden Häuschen zu uns gekommen und haben ihre Spinnräder mitgebracht, und dann haben alle im Zimmer gesessen. Sie haben gesungen und dabei Wolle gesponnen. Die Frau gab mir ein Spinnrad, und ich durfte da mitmachen. Es gefiel mir richtig gut, und es war ein tolles Erlebnis für mich. Zu später Stunde haben sie sogar alle nach einer Melodie, die sie sangen, auch noch getanzt. Es sah für mich ganz komisch aus, weil sie alle Holzschuhe anhatten und sich nicht richtig auf dem gewölbten Lehmfußboden drehen konnten. Es hatten aber trotzdem alle Freude dran. Nun hatten sie mich alle im Freundeskreis aufgenommen, und ich durfte jetzt auch mal zu ihnen hingehen.

Ich merkte gar nicht, wie die Wochen vergingen. Ab und zu gingen wir in den Wald, der voller Birken stand, Holz holen. Wir nahmen dann für den ganzen Tag etwas zu essen mit. Ich habe dann mit dem Sohn von der Familie mit der Schrotsäge die Baumstämme durchgesägt und war hinterher so kaputt, dass mir alle Knochen schmerzten. Mit dem Leiterwagen und einem Pferd davor holten wir es ein paar Tage später aus dem Wäldchen zum Hof hin. Dann wurde es wieder in kleinere Stücke auf einem Sägeblock zersägt und anschließend tagelang auf dem Hackeklotz, zum größten Teil von mir, kaputt gehackt und gestapelt. Es war eine Knochenarbeit für mich, aber ich hielt alles durch, um nur dableiben zu können. Essen und Trinken hatte ich tagtäglich, und das war schon ein riesiges Glück für mich. Sonntags musste ich jetzt fast immer in die katholische Kirche mitfahren, die ziemlich weit weg war. Da versuchten die Litauer immer hinzukommen, obwohl es sehr schwierig war wegen der russischen Kontrollen. Nun lernte ich die Gebete, die täglich zu Tisch gesprochen wurden. Das war einfach Pflicht bei allen Litauern. Ab und zu versuchte ich auch mal etwas auf Litauisch zu schreiben, aber das klappte nicht, weil die Übung im Schreiben weg war. Da dachte ich dann manchmal, wie soll es denn bloß weitergehen mit mir. Ich konnte gar nicht mehr schreiben. Dieses alles war zur Nebensache für uns geworden. Die Aufgaben zum Lebenserhalt waren ganz andere geworden. Ich hatte meine täglichen Dinge hier zu erfüllen und war auch zufrieden damit.

Nun ging es zum Frühjahr hin, und die Schafe, die sie hatten, wurden auf die Weide gelassen. Vorher wurden sie durch ein Desinfektionsbad im kleinen Teich am Hof getrieben. Ich musste den Stall entmisten, denn der Mist wurde nur im Winter nicht aus dem Stall rausgebracht wegen der Wärme für die Tiere.

Wiedersehen und Abschied

Es waren ein paar Wochen vergangen, da hörte ich nachts an meinem Fenster, wo ich schlief, ein Klopfen.

Ich hatte furchtbare Angst und rührte mich nicht. Ich sah einen Schatten und erkannte meine Mutter darin, sprang aus dem Bett und riss das Fenster auf. Ich sah, dass sie weinte und fragte: „Mutti, was ist los mit dir?" – „Ulla, lass mich rein. Ich kann nicht mehr." Ich lief zu der Frau hin und klopfte an der Tür an, wo sie schliefen. Sie kam raus und ich sagte, meine Mutter steht draußen und kann nicht mehr weitergehen. Sie und ich gingen zu ihr hin und holten sie in das Haus rein. Sie war total geschwächt und hat sich mit letzter Kraft zu uns hingeschleppt. Die Nacht war für uns alle vorbei. Der Mann kam dann noch, und nun saßen wir alle zusammen. Meine Mutter nahm mich in die Arme und sagte: „Ulla, komm mit mir mit." – „Nein, nein!" rief ich voller Angst. „Ich bleibe hier. Du kannst ja erstmal hier bleiben." Da habe ich die Leute angebettelt, sie möchten doch meine Mutter ein paar Tage aufnehmen und sie verstecken, damit sie nicht entdeckt wird, wenn Kontrolle kommt. Ich habe furchtbar geweint vor lauter Angst, dass ich wieder weg muss. Es hat den Leuten sicher so leid getan, dass sie meine Mutter in den Arm nahmen, und sie sagten dann zu mir, meine Mutter könnte ein bisschen hier bleiben, dürfte aber nur im Stall schlafen. Die Freude war so riesengroß bei uns beiden.

Meine Mutter wurde jetzt erstmal wieder gesund gepäppelt. Sie war entkräftet. Ich habe sie gut versorgt mit Milch, Speck und allem, was wir auch aßen. Draußen durfte sie sich aber nicht sehen lassen. Es war zu gefährlich für alle. Nach drei Wochen hatte sie sich wieder gut erholt, und der Mann sagte dann zu ihr, sie müsste nun wieder weiterziehen und ob ich mitwollte. „Nein, ich möchte bei ihnen bleiben."

Nun mussten wir wieder voneinander Abschied nehmen, aber mit der Hoffnung, uns bald mal wieder zu sehen. Meine Mutter bekam noch einige Sachen zum Anziehen von der Frau und ein Paar neue Holzschuhe sowie etwas zum Essen. Ich stand vor der Tür und habe ihr noch lange gewunken bis ich sie nicht mehr erblicken konnte. Da kam bei mir der große Schmerz. Ich stürzte mich auf mein Strohbett und habe fürchterlich geweint. Plötzlich war ich wieder von meiner Mutter weg. Wochenlang habe ich damit gekämpft, bis wieder Ruhe über mich kam.

Die Sommerzeit kam jetzt auf uns zu, und ich musste nun viel auf dem Feld mitarbeiten. Das Heu musste ständig gewendet werden, und dann wurde es gestapelt, zum Trocknen später dann mit Leiterwagen in eine kleine Scheune gefahren. Oftmals kam auch der Sohn mit seinen russischen Freunden und die haben dann ein richtiges Trinkgelage beim Vater gemacht. Ich hatte dann so große Angst und bin in die Scheune gegangen oder zur Mühle und habe mich für Stunden verkrochen. Wenn alle weg waren, bin ich erst ins Haus gegangen. Manchmal habe ich gedacht, warum sind hier noch keine Partisanen hergekommen, wo die doch so oft Russen hier haben? Auch die Mädchen kamen mehrmals zu uns, und dann haben wir im Sommer vorm Holzhaus gesessen und gesungen. Es hat uns richtig Spaß gemacht. Sie haben dabei irgendwelche Handarbeiten gemacht. Für mich war das ja noch zu schwer. Ich konnte zu der Zeit nur Strümpfe stricken.

Eines Tages kam eine Frau aus der weiten Nachbarschaft ganz aufgeregt zu uns und berichtete, dass ihr Mann von den Russen, die nachts zu ihnen gekommen sind, mitgenommen worden war und er nicht mehr zurückgekommen ist. Sie hatte drei Kinder und hat sich bei uns ausgesprochen und um Hilfe für alle gefragt. Der Müller ging gleich mit ihr mit und hat nach dem Haus geguckt. Der Mann aber ist nie mehr wiedergekommen. In späteren Wochen kamen immer wieder solche Sachen vor, dass die Menschen des Nachts weggeholt wurden in unserer Gegend. Jetzt bekam auch der Müller mit seiner Frau Angst und sagte zu seinem Sohn, er sollte keine Russen mehr hierher mitbringen. Ich dachte an meine Mutter. Wo mag sie wohl sein? Vielleicht kommen wir zwei niemals mehr zusammen. Die Leute haben mich aber beruhigt und sagten, die Mutter wird bestimmt bald mal vorbeikommen.

Die Ernte war nun auch bald zu Ende. Das Korn wurde in der Scheune mit Dreschflegeln ausgeschlagen. Zwischen den erwachsenen Leuten musste ich auch den Dreschflegel schwingen. Es war eine sehr schwere Arbeit für mich, aber da musste ich durch. Das Getreide wurde dann in große, runde Siebe getan, die sich kreisend im Wind bewegten. Die Spelzen flogen weg und die Körner blieben zurück. Die wurden dann in Jutesäcke geschüttet, und der Müller brachte sie alle in die Mühle, um davon Mehl zu mahlen. Es waren alles Wintervorräte, um Brot zu backen. Die Müllerin konnte auch gute Mehlspeisen davon herstellen, die meistens mit Fleisch gefüllt waren. Ich habe oft daran gedacht, es alles selber auszuprobieren, aber es war zu viel für mich. Die Arbeiten, die ich im Stall verrichten musste, nahmen mir viel Kraft, und ich war oft sehr kaputt davon. Nun aber ging es zum Herbst hin und die Kartoffelernte kam auf uns zu. Das war eigentlich eine schöne Zeit für uns alle. Ich freute mich ganz besonders darauf, weil ich dann ein Feuer auf dem Feld machen konnte und die frischen Kartoffeln backen konnte. Das war eine tolle Sache.

Meine Gedanken waren immer, hoffentlich geht diese Zeit niemals vorüber, und dass mich keiner von hier wegholt. Ich hatte immer, bei allem, was ich hier erlebte, ständig Angst. Es gingen einige Wochen hin, und wieder machte es die Runde, dass alle Bettelkinder aufgelesen werden und niemand wusste, wo sie hinkommen. Meine Angst wurde immer schlimmer, und ich habe mich des Nachts oft in den Schlaf geweint oder mich zwischen den Tieren im Stall versteckt. Da konnte mich auch keiner trösten.

Eines Nachts bellte der Hund ganz aufgeregt. Mich überfiel eine Angst, die nicht aufhörte. Da ging der Müller aus dem Haus, um nachzusehen, wer da ist, und ich machte die Stalltür auf, erkannte meine Mutter in der Dunkelheit, die weinend zum Gebäude hinging. Mein Gedanke war: Jetzt muss ich hier weg. Sie sagte: „Wo ist meine Tochter Ulla?" Der Mann nahm sie ins Haus rein und kam dann einige Minuten später zu mir, um mich zu meiner Mutter zu bringen. Ich fühlte, jetzt ist die schöne Zeit vorbei für mich. Nun, als ich bei meiner Mutter war, sagte ich zu ihr: „Mutti, ich will hier nicht weg. Ich will nicht wieder betteln gehen. Lass mich hier." Wir standen uns beide weinend gegenüber und ich konnte es nicht begreifen, wie fremd wir uns geworden waren. Die Leute standen stumm vor uns und wussten auch keinen Rat. Meine Mutter sagte: „Ulla, wir müssen hier weg. Die Russenautos sammeln alle Deutschen auf. Ich weiß nicht mehr weiter." Ich bettelte immer wieder: „Lass mich hier bleiben." Ich wollte nicht mitgehen, aber mein Kampf war verloren.

‚Du Germansky?'

Am Morgen nahm meine Mutter mich mit, und ich habe mich so unglücklich gefühlt wie nie zuvor. Die Leute hatten uns noch mit Essen versorgt, dass wir ein paar Tage was hatten. Meine Mutter wollte mich trösten, aber ich war von den Gedanken weit weg von ihr. Ich empfand überhaupt nichts mehr und dachte nur, wo werden wir jetzt bald gefangen werden. Wir versuchten immer über Felder oder Feldwege zu gehen, um nur nicht aufgegriffen zu werden. Da es jetzt auch schon kalt draußen war, konnten wir nachts nicht mehr im Wald übernachten und erbettelten uns irgendwo Nachtquartier. Die Leute hatten immer mehr Angst, uns aufzunehmen, und ich dachte an die schöne Zeit bei der Familie. Ich habe oft zu meiner Mutter gesagt: „Warum hast du mich nicht da gelassen?" – „Ulla, das geht doch nicht. Wir müssen doch zusammenbleiben, wenn die uns aufsammeln." Mir war nun alles egal.

Ein paar Tage später gingen wir so auf eine Tannenschonung zu, um uns ein bisschen auszuruhen und das Brot zu essen, was wir uns zuvor erbettelt hatten. Da sahen wir ein Lastauto hinter uns. Die Soldaten hielten an und sagten: „Du Germansky?" Wir wussten, was jetzt kommt, und sie befahlen uns, aufs Auto raufzusteigen. Wir sahen, dass schon mehrere Kinder unter der Plane kauerten und alle furchtbare Angst hatten. Sie sahen alle total verwahrlost aus, genau wie wir, und keiner sagte ein Wort. Neben ihnen saßen ja die Bewacher, und sie passten auf, dass ja keiner vom Wagen runterspringt. Wir fuhren und fuhren, und es nahm kein Ende. Zum Glück hatten wir noch ein bisschen Brot und Milch bei uns und konnten uns damit helfen. Gegen Abend kamen wir in eine Stadt rein, und ich erkannte, dass es Kaunas sein musste.

Wir fuhren in ein altes Firmengelände rein und sahen, dass da schon viele Menschen, aber fast alles nur Kinder, in mehreren leeren Hallen untergebracht waren.

Wir bekamen plötzlich alle Angst und sahen uns alle fragend an, was wohl jetzt mit uns passieren würde. Das Auto hielt vor einer Halle an, und die zwei russischen Bewacher forderten uns auf, vom Wagen runterzusteigen. Alle mussten sich in Reihen aufstellen. Meine Mutter war als einzige Erwachsene bei uns. Wir wurden abgezählt und wurden dann in eine Halle hineingeführt, wo schon mehrere Kinder und einige Frauen waren. Sie hatten keine Betten und keine Möglichkeiten, sich irgendwo hinzusetzen. Sie lagen alle auf blanken Fußböden umher. Es war ein einziges Elend, was wir da sahen. Ich fing an, zu weinen und sagte: „Mutti, ich will wieder zurück zu der Familie." Meine Mutter antwortete: „Ulla, für uns gibt es kein Zurück mehr. Wer weiß, was jetzt mit uns wird?" Ich habe am ganzen Körper vor Angst gezittert, und viele Kinder weinten so wie ich. Es war schrecklich. Die Frauen sagten zu meiner Mutter, sie sind schon ein paar Tage hier und keiner wüsste, was mit uns werden soll. Wir blieben da noch etwa 14 Tage oder drei Wochen. Wir konnten es gar nicht nachvollziehen, weil wir kein Zeitgefühl hatten, und weil keiner eine Uhr besaß, waren wir wie Tiere im Käfig. Keiner bekam irgendeine Auskunft. Es war sehr schlimm. Wir hörten sogar, dass einige Leute sich das Leben genommen hatten, weil sie glaubten, dass wir alle nach Sibirien verschleppt werden sollten. So ungewiss war alles. Wir dösten da alle im Dreck vor uns hin, hatten jeden Tag nur eine dünne Wassersuppe und ein Stück Brot als Tagesration erhalten und mehr nicht. Es waren keine Möglichkeiten vorhanden, um uns mal irgendwo waschen zu können oder aufs Klo zu gehen. Das wurde irgendwo in Ecken erledigt und alles stank danach. Es herrschten unmögliche Zustände.

Russland, Polen oder Deutschland?

Dann wurden wir eines Abends alle wieder in Lastwagen gesteckt, wieder mit Bewachung, und dann ging es im Konvoi durch Straßen hin zu einem Güterbahnhof. Dort stand ein langer Güterzug, und dort mussten wir alle einsteigen.

Es dauerte einige Zeit, bis wir alle wie Viehzeug in den Waggons drin waren. Die Kinder bekamen alle furchtbare Angst, und wir weinten vor uns hin. Die Waggons wurden von draußen zugemacht, und kurze Zeit später setzte sich der Zug in Bewegung. Meine Mutter weinte auch und sagte zu mir: „Ulla, jetzt kommen wir alle nach Russland. Ich habe große Angst um uns alle." Es sagte keiner mehr was, und es war dazu noch eine starke Kälte um uns herum. Das Geratter vom Zug ging uns allen durch Mark und Bein. Es gab keine Decken. Nur unser nacktes Leben hatten wir, und wer weiß, wie lange noch. Die Fahrt wollte kein Ende nehmen, und vor lauter Kälte konnte keiner so richtig einschlafen. Meine Mutter und ich klammerten uns das erste Mal seit langer, langer Zeit so richtig aneinander.

Ein Ruck vom Zug ließ uns aufhorchen, und wir stellten fest, dass es nicht mehr weiterging und der Zug stehen blieb. Plötzlich hörten wir Stimmen in Russisch und dachten, wir sind in Russland. Dem war nicht so. Wir mussten alle raus aus den Waggons, nachdem sie die Türen aufgezogen hatten. Es war ein großer Güterbahnhof, wo helle Lampen auf uns schienen. Wir standen alle umher und waren von dem Licht geblendet. Es kam eine komische Unruhe unter den Bewachern auf, und es kamen noch mehr hinzu. Sie hatten alle Schreibmaterial in ihren Händen, und wir dachten, was wird jetzt auf uns zukommen? Wir mussten uns alle in Zehnerreihen aufstellen, soweit es der Platz erlaubte, und nun wurden wir befragt durch einen Dolmetscher, wie wir heißen und wo wir herkommen und wie alt wir sind. Das dauerte mehrere Stunden. Am Morgen sagte ich zu meiner Mutter: „Weißt du, wo wir sind?" Es war Königsberg. Es wurde uns aber von unseren Bewachern nicht gesagt, weil unsere Fahrt dann später wieder weitergehen sollte. Wir sollten ahnungslos bleiben.

Sie gaben uns später wieder den Befehl, in die Waggons einzusteigen. Jeder bekam ein Stück Brot und etwas Wasser, sonst nichts mehr. Die Türen wurden zugemacht und sogar verplombt. Das haben wir beobachtet, als wir oben zu den kleinen Fenstern rausgeguckt haben. Nun dachten alle, jetzt geht es wirklich nach Russland, wo sie uns jetzt alle registriert haben. Der Zug setzte sich einige Zeit später in Bewegung, und diese Fahrt sollte wirklich kein Ende nehmen. So viele Tage fuhren wir durch die Gegend, und keiner konnte ausmachen, wo wir uns gerade befanden. Wenn der Zug irgendwo stoppte, waren es fast immer freie Strecken, wo man nichts erkennen konnte, und das Schlimme war, es durfte keiner raus. Es war alles verplombt. Die Dürftigkeiten wurden im Waggon in Blechdosen erledigt, die noch einige Kinder bei sich hatten, wo sie draus getrunken hatten. Das wurde dann im fahrenden Zustand oben aus dem kleinen Guckloch rausgeschüttet. Es war nicht anders möglich. Wir lagen wie Bretter nebeneinander, vor Kälte und dann auch vor Hunger und Durst. Es gab die ganze Zeit nichts für uns. Der Kampf ums Überleben begann wieder für uns, und es wurden die letzten Brocken untereinander verteilt, die noch aus Litauen vom Betteln stammten. Wir hatten eine Frau bei uns im Waggon drin, die während der Fahrt einen ganz schlimmen Herzanfall bekam, und keiner konnte ihr Hilfe leisten. Alle waren ratlos. Irgendwann hat sich die Frau dann wieder davon erholt, und sie lag total abgekämpft auf dem blanken Brett. Es gab nichts zum Zudecken oder Wärmen.

Wir sind dann nach vier Tagen irgendwo stehen geblieben und sahen, dass das ein Eisenbahngelände war mit unzähligen Schienenanlagen, und in der Nähe waren Gartenanlagen, die uns sofort auffielen. Das Gemüse, das darin stand, hatten wir auch gesehen und dachten jetzt an nichts anderes mehr, als das da rauszuholen. Wir hörten auf einmal Stimmen, die aber nicht Russisch klangen. Meine Mutter sagte, das könnten Polen sein. Die machten die versiegelten Türen auf, und alle Menschen stürzten sich wie Tiere in die Gärten am Bahngelände rein. Es ging über Zäune, die zum Teil eingerissen wurden, um nur an die Kohlköpfe, Möhren und andere essbare Sachen dranzukommen. Ich hatte über die Schienen hinweg ein Haus entdeckt, wo ich drauf zulief, um für mich was zu erbetteln. Dort angekommen, stürzte ich zu der erstbesten Wohnung und klopfte kräftig an die Wohnungstür. Es öffnete eine Frau, und ich sprach sie auf litauisch an, ob sie nicht was zu essen für mich hat. Sie nahm mich kurz in die Wohnung rein, gab mir einen Teller voll Suppe; ich aß ihn gierig leer und ging schnell wieder weg. Sie gab mir noch schnell einen 5-Zlotyschein in die Hand, und da hörte ich auch schon das Pfeifen von der Lok. Ich rannte so schnell ich konnte zum Zug hin, fiel dabei noch über eine Schiene und hatte mir das linke Knie aufgeschlagen. Ich dachte, wenn der Zug sich in Bewegung setzt, muss ich vielleicht hier bleiben. Die Angst überfiel mich, und ich rannte noch schneller. Mit Müh und Not habe ich noch den Waggon erreicht, wo meine Mutter drin war, und kurze Zeit später sind wir wieder weitergefahren bis zum nächsten Tag. Da hielt der Zug an einer Stelle, wo ein großer Fluss war. Es sollte die Oder gewesen sein, und der Aufenthalt tags davor Warschau. Wir durften wieder alle aussteigen und stürzten uns alle ans Wasser, um uns mal zu reinigen von all dem Dreck, den wir im Zug an uns bekommen hatten. Wir nahmen uns in ausgewaschenen Blechdosen Wasser mit in den Zug, aus Angst, wieder nichts zu kriegen. Als wir alle in den Waggons waren, kamen glaube ich, Polen, Frauen und Männer. Sie hatten Wasser in Eimern und Brot in Körben, das wurde an uns verteilt, bis es alle war; dass alle was bekommen haben, glaube ich nicht. Von denen, die was hatten, das wurde im Waggon gerecht aufgeteilt, und da war uns erst mit geholfen. Nach Stunden ging es dann wieder weiter, und keiner wusste, wohin. Es ging in die Nacht rein, und es war sehr kalt. Es musste nach unserer Rechnung so Oktober oder November sein. Wir wussten nicht, welcher Tag oder welche Stunde es war, die Sonne war unser Zeichen. Wir haben nun feststellen müssen, dass unser Zug durch mehrere Städte und Dörfer fuhr, die wir vorher nie gesehen hatten oder kannten.

Dann aber sagte meine Mutter: „Ich glaube, wir sind irgendwo in Deutschland."

Wir wussten nichts damit anzufangen und glaubten es nicht.

Abb. 1
(vor 1939) Mutters Eltern, Oma und Opa Hauke, in Königsberg

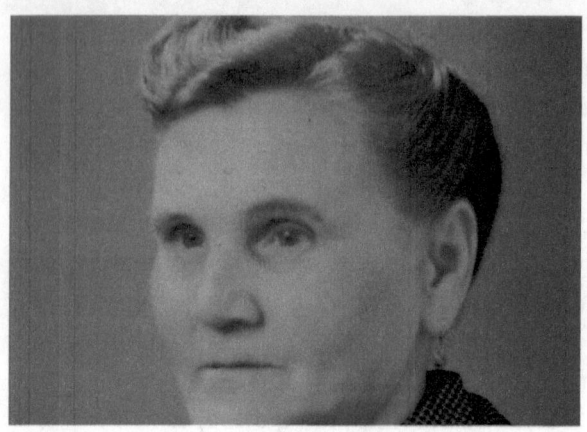

Abb. 2
(nach 1945) Mutter in der DDR

Abb. 3
(um 1942) Tante Agnes als junge Frau in Königsberg

Abb. 4
(um 1941) Gerda (Cousine) mit Hans und Eva in Königsberg

Abb. 5
(um 1950) Onkel Alwin mit Tochter Gerda und deren Sohn Eric in Paris

Abb. 6 (um 1943) Ursula mit Schwester Eva in Königsberg

Abb. 7
(Frühjahr 1949) Schulbild in Weißbach / Schmölln, DDR;
Ursula in der Mitte oben im hellen Pullover

Abb. 8
(1951) Ursula in der DDR

Abb. 9 (1954) Ursula nach der Flucht in die Bundesrepublik

Abb. 10 (2007) Die Autorin Ursula Dorn

In der Heimat? In der Fremde?

Wir dachten doch gar nicht, dass es überhaupt noch Deutschland gab! Der Rest der Welt war für uns verloren gegangen. Immer wieder versuchte meine Mutter, durch das schmale Guckloch deutsche Schriftzeichen zu erhaschen. Dann war es so weit, wir kamen in einer deutschen Stadt an, die hieß Eisenach in Thüringen.

Unser Zug hielt an. Wir hörten zum ersten Mal Menschen die deutsche Sprache sprechen. Sie öffneten die Waggontüren, und alle Menschen stürzten sich wieder wie Tiere aus den Waggons raus. Wir standen auf dem Bahnhof und wussten gar nicht, was nun werden sollte. Als erstes riefen wir nach was Essbarem. Sie riefen uns zur Ordnung auf, das wurde aber vor lauter Hunger und Durst überhört. Abermals dröhnte es aus dem Lautsprecher, wir sollten uns in Reihen aufstellen, damit wir in große Lastautos einsteigen könnten, die draußen vor dem Bahnhofsgelände für uns bereit standen. Es verging einige Zeit, bis die ersten Wagen wegfuhren. Dann kam unser Waggon dran und wir fühlten, dass es irgendwas Erfreuliches für uns werden sollte, was jetzt auf uns zukam.

Die Leute sprachen unsere Sprache, und wir Kinder hatten es schwer, sie zu verstehen. Es war alles so fremd für uns. Wir fuhren durch die Stadt und konnten es gar nicht begreifen, dass da noch Häuser standen, die nicht kaputt waren, und die Menschen sahen alle anders aus, als wir es gewohnt waren. Wir kamen dann einige Zeit später in ein Waldgebiet rein, wo es etwas bergig war. Plötzlich sahen wir ein eingezäuntes Gebäude und bekamen Angst, wieder irgendwo eingesperrt zu werden. Da sagte uns aber ein Mann, der mit uns gefahren war, wir brauchten keine Angst zu haben, wir sind in Deutschland, und das ist ein Lager, wo wir alle untergebracht werden mit Essen und Trinken, und wir würden jetzt erstmal untersucht werden, ob es kranke Menschen unter uns gibt. Da hatten wir unsere Angst verloren, aber das große Misstrauen blieb. Nun fuhren wir in das Lager rein und kamen dahin, wo vor uns schon alle angekommen waren. Sie standen verängstigt umher und warteten, was nun kam. Wir wurden aufgefordert, alle in eine Halle zu gehen. Dort standen Frauen und Männer, die schon auf uns warteten. Sie versorgten uns mit Essen, und das erste Mal gab es heißen Tee und heiße Milch für uns Kinder. Wir konnten uns Sitzplätze an schön gedeckten Tischen aussuchen, es war wie Weihnachten für uns. Wir bekamen eine warme Mahlzeit und wurden von freundlichen Menschen begrüßt. Wir nahmen alles freudig auf und durften uns dann später richtig sauber waschen in einem Raum, wo nur Frauen und Mädchen rein durften, es war alles getrennt.

Danach mussten wir alle zur Registrierung. Wieder wurden wir abgefragt, wer wir sind, wann wir geboren sind und wo wir gewohnt haben vor dem Russeneinmarsch. Als das alles geregelt war, wurden wir in Baracken eingeteilt und konnten das erste Mal in einem Feldbett schlafen. Meine Mutter hat vor Freude geweint und sagte zu mir: „Ulla, jetzt schlafen wir uns richtig aus." Die Nacht wurde für alle die allerschönste, am nächsten Morgen mussten uns die Frauen aus dem Lager regelrecht aus den Betten rausschmeißen, wir wurden gar nicht wach. Es war alles so schön warm um uns herum, die Decken über uns gelegt, das hatten wir schon lange nicht gehabt.

In den folgenden Tagen nach unserer Ankunft am 13. Oktober 1948 in Eisenach wurden wir alle gründlich untersucht und geimpft gegen allerlei Krankheiten. Nun befanden wir uns bis 26. November 1948 in Quarantäne, ab dann sollten wir wieder weitergeleitet werden. Die Tage nach unserer Untersuchung verliefen sehr gespannt, weil wir das Lager nicht verlassen durften wegen Seuchengefahr, das sprach sich rum, und die Menschen fühlten sich wieder eingesperrt. Das Essen reichte auch nicht so richtig für alle, und die Rationen wurden von Tag zu Tag kleiner.

Lager Siebenborn

Ich sagte zu meiner Mutter, ich versuche, ob ich aus dem Lager rauskomme. Dann habe ich den ganzen Zaun drumherum abgeguckt, ob da irgendwo ein Schlupfloch war. Am zweiten Tag habe ich mir eine Ecke ausgesucht, wo ich durchgekrochen bin. Dann bin ich alleine in die Stadt runtergegangen, kam zu einer Straße hin, wo ein paar Geschäfte waren, bin da reingegangen und habe was zu essen gebettelt. Die Leute waren ganz erstaunt, dass ich bettelte. Sie fragten, woher ich komme. „Da oben am Berg, das ist ein Lager, und da sind wir alle untergebracht", antwortete ich. „Ach, im Lager Siebenborn, wo vor zwei Wochen die ganzen Kriegsgefangenen noch waren, die sind alle nach Friedland weitergeleitet worden." Ich sagte, dass wir alle aus Litauen gekommen sind, dort waren wir Bettelkinder gewesen. Die wussten gar nichts von Litauen. Auf jeden Fall haben mir die Leute Brot und Margarine sowie ein paar Äpfel mitgegeben. Ich habe mich sehr darüber gefreut und machte mich wieder ins Lager rein, so wie ich rausgekommen war. Das habe ich keinem gesagt, das war mein Geheimnis, nur meine Mutter wusste es.

Das machte ich nun jeden Tag so, vormittags ging ich los und am Nachmittag war ich wieder im Lager. Nun hatten wir zusätzliches Essen. Ein paar Tage später gab mir eine Geschäftsfrau einen tollen Pullover in hellblau und einen dunkelblauen Rock als Geschenk, vor Freude habe ich sie fest gedrückt und mich bedankt. Ich war nun ganz stolz über die schönen Sachen und habe sie in Ehren gehalten. Es kam der Tag, wo die Leute alle Frauen und Kinder zusammen kommen ließen, und wir erfuhren jetzt, wohin wir kommen sollten.

Meine Mutter und ich bekamen die Einweisung nach Weißbach bei Schmölln in Thüringen, jeder bekam eine Fahrkarte für die Weiterfahrt per Zug, und am nächsten Tag wurden wir in Lastwagen zum Bahnhof runtergefahren, und da standen schon mehrere Kinder mit Aufsichtspersonen, die sie wohl begleiten sollten. Der Zug lief im Bahnhof ein, und wir wurden angewiesen, wo wir einsteigen durften. Zu uns kam noch eine Frau mit drei Kindern, die ebenfalls nach Weißbach hin sollte. Wir hatten uns vorher noch nie gesehen und machten uns jetzt bekannt. Wir Kinder haben uns ganz schnell angefreundet. Es stellte sich raus, dass die auch in Litauen gebettelt haben und ihre Heimat war Allenstein gewesen.

Wieder einmal setzte sich ein Zug in Bewegung mit Menschen, die nichts hatten als nur den Wunsch, irgendwo eine Bleibe für längere Zeit zu bekommen. Wir waren alle fertig mit den Nerven und wollten nur noch Ruhe um uns haben.

Gerade das Allernötigste

In uns kam eine Neugier auf, wo werden wir denn jetzt schon wieder hingebracht. Unser Zug kam nach ein paar Stunden Fahrt am Bahnhof Schmölln an. Auf uns wartete schon ein Mann vor dem Ausgang am Bahnhof. Er nannte seinen Namen, Henkel aus Weißbach, und dass er der Bürgermeister vom Ort wäre. Er hatte einen Pferdewagen dort stehen, und nun mussten wir da alle raufsteigen, und mit Pferd und Wagen ging es zur Stadt raus. Es waren sieben Kilometer bis nach Weißbach. Es war ein kleines Dorf mit einer Kirche mitten im Ort, ein Dorfteich ebenfalls in der Ortsmitte. Wir fuhren erst mal zum Bürgermeisteramt. Die Leute waren sehr freundlich zu uns und gaben uns was Warmes zu essen, worüber wir sehr dankbar waren. Er nahm unsere Reisepapiere, die wir aus Eisenach mitgebracht hatten, dann wurden wir auf zwei Bauernhöfe verteilt. Die Frau mit ihren drei Kindern wurde ins Unterdorf eingewiesen.

Wir kamen gleich beim Nachbarn vom Bürgermeister, bei Familie Hofer, unter. Es war ein gutbürgerliches Haus mit einigen Räumen, und wir kamen in die erste Etage, wo uns ein winziges kleines Zimmer zugewiesen wurde, darin stand ein Feldbett, ein kleiner Tisch, zwei Stühle, ein kleiner Kohleofen und sonst nichts weiter. Auf dem Bett ein Oberbett zum Zudecken, ein Kopfkissen und ein Bettlaken, dann eine Waschschüssel zum Waschen und eine Schüssel fürs Geschirr abzuwaschen, zwei Kochtöpfe, zwei Teller, Essbesteck und noch zwei Tassen, also gerade nur das Allernötigste zum Leben.

Meine Mutter und ich fühlten uns nun wie zwei Könige nach so viel Elend, was wir hinter uns hatten. Die Familie Hofer kam nun zu uns und begrüßte uns, wollten vieles von uns wissen. Meine Mutter erzählte dann, wo wir herkamen. Die konnten es gar nicht fassen, dass wir aus Litauen gekommen sind. Dann haben sie uns mit Essen versorgt, alles vom eigenen Bauernhof. Wir haben das kleine Zimmer dort für uns ganz alleine genossen und fühlten uns richtig als Menschen, konnten zum ersten Mal eine Tür hinter uns zumachen, uns richtig waschen, selber ein Essen kochen und richtig ausschlafen zu zweit in einem Bett. Es war ein Glücksgefühl für uns, wir haben nicht gemeckert, dass da nur ein Bett für zwei vorhanden war, wir waren zufrieden mit dem, was da war.

Am nächsten Tag mussten wir noch mal zum Bürgermeister zur Anmeldung, und dann gab er meiner Mutter 25 Mark, um für uns Lebensmittel einzukaufen. Im Ort war ein Konsum-Laden, und da konnte man was holen. Es war eine total fremde Welt für uns, und wir brauchten eine ganze Weile, uns da einzufügen, denn wir kannten nichts anderes, als nur frei und wild durch die Lande zu ziehen. Auf einmal mussten wir hören, was uns die Leute so angaben. Es gab Lebensmittelmarken, Bezugsscheine für Schuhe und Kleidung sowie Zuteilung von Holz und Briketts. Der Familie Bachmann, die uns gegenüber eingewiesen wurde, erging es ebenso, nur hatten die drei Räume bekommen. Im Gegensatz zu uns hatten die es besser angetroffen.

Die ersten Tage trauten wir uns überhaupt nicht, rauszugehen, haben nur im Zimmer umhergehockt und die vier Wände genossen, mit der Angst im Nacken, uns könnte wieder jemand von hier wegholen. Dann aber habe ich mir erst den Bauernhof von der Familie Hofer angesehen und habe gestaunt über die vielen Tiere, die die hatten. Das hatte ich in den ganzen Jahren nirgendwo gesehen, habe mich auch gleich angeboten, den

Kuhstall auszumisten und neues, frisches Stroh reinzuwerfen. Der Bauer war hocherfreut darüber und sagte zu mir: „Wenn du uns ein bisschen mithelfen willst, kannst du es gerne machen. Dann bekommst du auch ein paar Lebensmittel von uns." Freudig lief ich zu meiner Mutter hin und erzählte ihr das alles. Sie sagte dann zu mir: „Du wirst es bestimmt nicht machen können, weil du ab nächste Woche hier in Weißbach wieder nach so langer Zeit zur Schule gehen musst. Der Bürgermeister, Herr Henkel, hat es mir gesagt, und nun habe ich dich dafür angemeldet."

Ich habe mich riesig darüber gefreut und gleichzeitig überfiel mich eine fürchterliche Angst. Nachts konnte ich gar nicht mehr schlafen und dachte nur über die Schule nach. Wir gingen noch mal zum Bürgermeister und ließen uns alles erklären über die Schule. Dann schenkte er mir eine gebrauchte Schultasche von seinen Kindern sowie Griffel und Griffelkasten. Nur die Tafel musste ich mir besorgen. Er sprach mir großen Mut zu und ich verlor nun auch die Angst vor dem ersten Schultag. Zu meiner Mutter sagte ich, sie müsste mich aber zur Schule hinbringen, weil doch bestimmt alle Kinder auf mich gucken würden und dass ich davor Angst habe. Die Kinder von der Frau Bachmann mussten auch dorthin gehen. Die sagten zu mir: „Ulla, wenn die Kinder uns schlagen wollen, dann helfen wir uns alle gegenseitig und sprechen nur litauisch oder russisch. Dann können die nicht verstehen, was wir meinen." Dieses hatten wir uns geschworen für alle Zeiten.

Bis dahin habe ich den ganzen Tag im Stall mitgeholfen und war ganz glücklich darüber, und die Leute hatten ihre Freude daran. Am Abend gaben sie mir einen Liter Milch und etwas Zuckerrübensirup und einige Schnitten Brot mit nach oben. Freudig ging ich zu meiner Mutter damit, und dann haben wir gemütlich an unserem kleinen Tisch gesessen und haben uns sehr wohlgefühlt. Der kleine Ofen, der im Zimmer stand, war auch schön warm. Wir hatten etwas Holz und Briketts vom Bürgermeister bekommen, mussten uns dann aber die nächste Ration auf Kohlemarken in der sieben Kilometer entfernten Stadt Schmölln beim Kohlenhandel abholen. Wir hatten aber kein Fahrzeug dafür, mussten uns erst mal einen Handwagen besorgen. Der Bauer Hofer hätte das ja mit einem Pferdewagen machen können, aber das hat er für uns arme Schlucker nun auch wieder nicht gemacht.

Mit der Tochter Gerda und Sohn Günther wollte ich mich ein bisschen anfreunden. Die waren ungefähr so alt wie ich, aber das wollten die wohl mit so einem armen Bettelkind nicht. Ich konnte es nicht verstehen, warum sie so ablehnend zu mir waren. Ich sprach mit meiner Mutter darüber, und die sagte zu mir: „Bitte halte dich da ganz zurück. Die sind reich, und wir sind für die ein Nichts. Die wollen mit uns nichts zu tun haben. Die grüßen ja noch nicht mal, wenn sie mir im Treppenhaus begegnen."

Ich war darüber so traurig und ging auch nicht mehr in den Stall rein, um zu helfen. Sie sprachen mich darauf an, warum ich nicht mehr helfen will. Ich sagte ihnen, weil sie uns nicht grüßen würden, und dass sie uns bestimmt auch bald wieder aus dem Zimmer rausschmeißen würden, und davor hätten wir große Angst. Der Bauer Hofer versprach mir, dass es so nicht wäre. Wir hätten das Zimmer doch gemietet und müssten ab jetzt jeden Monat 20 Mark Miete zahlen. Er würde zu meiner Mutter gehen und einen Mietvertrag machen.

Das tat er dann auch, und meine Mutter sagte zu mir, bitte wo sollen wir denn nur das Geld herholen.

Ich wusste gar nicht, was Geld war, so lange hatte ich schon keines gesehen. Meine Mutter dachte darüber nach, wie es nun weitergehen sollte mit uns.

Ein Neuanfang

Ich musste in die Schule. Ich kam mir mit meinen 13 Jahren vor wie ein Erstklässler. Meine Mutter brachte mich am ersten Tag dorthin, und da warteten schon der Lehrer König sowie Rektor Huke auf mich. Auch die Bachmann-Kinder waren anwesend. Wir waren total verängstigt und trauten uns, kein Wort zu sagen. Der Lehrer König nahm mich in seine Klasse mit rein. Da saßen Kinder, die fast so alt waren wie ich. Alle guckten mich an. Es war still in der Klasse. Der Lehrer wies mir einen Platz neben einem Mädel zu, und nun setzte ich mich auch hin. Mir zitterten alle Knochen vor Angst. Dieses Gefühl werde ich nie vergessen. Dann sagte der Lehrer: „So, nun komm doch mal zu mir an die Tafel und schreibe für uns alle deinen Namen auf, damit wir wissen, wer du bist und wo du herkommst." Ich ging zur Tafel hin, nahm ein Stück Kreide und wollte schreiben, aber ich konnte es nicht. Ich wusste nicht mehr, wie es geschrieben wurde. Nun stand ich da wie angewurzelt und fing an zu weinen vor lauter Scham. Die Kinder fingen laut an zu lachen, der Lehrer rief „Still jetzt!". Aber sie hörten nicht auf. Da kam in mir eine unmögliche

Wut hoch, und ich schwor mir selber, wartet mal ab, ich werde es euch schon noch zeigen und lief zur Tür raus.

Draußen im Flur bin ich dann stehen geblieben und habe mich ausgeheult. Der Lehrer König kam zu mir und nahm mich freundlich am Arm und ging mit mir zum Rektor Huke, erzählte ihm, was passiert war, und er schimpfte über die Schüler. Ging dann zu der Klasse runter, erzählte allen Schülern, was ich hinter mir hätte und dass alle dafür Verständnis haben sollten. Da haben sie sich alle entschuldigt, und ich ging auf meinen Platz zurück. Konnte aber überhaupt nichts machen, weil ich total verängstigt war. Der Lehrer König kannte den Bürgermeister und wusste von ihm meine Vergangenheit. Er erzählte es nun jetzt den ganzen Schülern in der fünften Klasse, damit sie über mich Bescheid wussten.

Zu Hause erzählte ich es meiner Mutter, was in der Klasse gewesen war, und auch sie war sehr traurig über das ganze Geschehen. Ich konnte damit überhaupt nicht fertig werden, fing immer wieder an zu weinen und wollte nicht mehr in die Schule gehen. Am nächsten Tag ging ich dann aber doch wieder hin und traute mich überhaupt nicht in die Klasse rein. Erst als der Lehrer König erschien, nahm er mich mit. Ich dachte, die ganze Zeit in Litauen als Bettelkind war keiner so grausam zu mir gewesen wie die Kinder aus diesem Dorf - ich war ganz unglücklich in dieser Umgebung. Der Lehrer hat das alles bemerkt und sagte dann zu mir, er würde mir ein Mädel mit dem Namen Margitta Gabler nennen, die soll mir etwas bei den Hausaufgaben helfen. Darüber habe ich mich sehr gefreut, und sie sagte zu mir: „Ich wohne auch im Oberdorf, und du kannst jeden Tag nachmittags zu mir kommen, dann machen wir beide zusammen die Schularbeiten." Fortan ging ich jeden Tag dahin, und ich bekam wieder Mut, alles zu erlernen. Es war verdammt schwer für mich, aber ich kämpfte mich durch. Ich wollte mit 13 Jahren wenigstens noch Lesen, Schreiben und Rechnen lernen. Meine Mutter nahm mich mit meinen Schulsorgen gar nicht an; ich brauchte da auch nichts zu fragen, musste immer andere fragen. Ich war nun so besessen davon, dass ich des Nachts im Bett saß und das Lesebuch durchgelesen habe und habe mich nicht daran gestört, dass meine Mutter neben mir lag und fest geschlafen hat. Es war wieder mal der Selbsterhaltungstrieb in mir hochgekommen.

Neben der Schule musste ich ja auch noch bei der Familie Hofer im Stall und auf dem Feld mitarbeiten, damit ich abends noch ein bisschen Milch, Brot, Schmalz oder Sirup dafür bekam. Meine Mutter hatte kein Geld und musste sich nun auch eine Stelle bei einem Bauern im Dorf besorgen. Zu der Zeit gab es noch viele Bauerngehöfte, die ziemlich groß waren, auch ein großes Gut mit einem schönen Teich und Insel mittendrin, wo Enten und Schwäne drauf waren. Mutter fing bei Familie Wiesner an zu arbeiten, wo sie nun auch ein bisschen Geld bekam. Es gab einmal im Monat die Lebensmittelkarten, und dann brauchten wir ein wenig Geld, um uns die Sachen auch zu kaufen. In Schmölln war eine Stelle, die gaben getragene Sachen an arme Menschen, die nichts hatten, aus. Wir bekamen Mantel, Kleid, ein wenig Wäsche für uns beide und freuten uns sehr darüber.

So langsam kam in uns wieder der Lebensmut wieder, weil um uns her eine ganz andere Welt war. Jetzt kannten wir wieder Jahreszahl, Monate, Wochen, Tage und Uhrzeit. Wir waren wieder Menschen, die sich natürlich auch hier durchsetzen mussten. 'Die aus dem Osten' oder ‚die Flüchtlinge' hieß es immer wieder von

Seiten der Leute. Wir aber waren keine Flüchtlinge, das haben wir uns nicht angenommen. Wir waren heimatvertrieben, Bettelkinder sowie Spätheimkehrer.

Suchdienst München: ‚Herbert Wedigkeit sucht seine Eltern.'

Es war einige Zeit vergangen und ich war wieder bei unserem Rektor Herrn Huke gewesen, um Hilfe für die Schule zu bekommen, da hatte er sein Radio angestellt, was in der Küche stand. Da hörte seine Frau immer den Suchdienstsender vom Roten Kreuz München. Das kam immer so um elf Uhr morgens. Da suchten Flüchtlinge ihre Angehörigen, Eltern ihre Kinder sowie Kinder ihre Eltern, und ich hörte auf einmal den Namen „Herbert Wedigkeit sucht seine Eltern". Mich riss es blitzschnell vom Stuhl, rannte in die Küche zu Frau Huke und schrie: „Frau Huke, Frau Huke! Das ist mein Bruder Herbert. Genauso heißt der. Ich muss ganz schnell zu meiner Mutter hin. Ich werde verrückt!" Mein Bruder Herbert lebt und ich lief, so schnell wie ich laufen konnte, zu meiner Mutter hin und raste die Flurtreppe rauf, riss die Tür auf und schrie: „Mutti, Mutti! Unser Herbert lebt! Ich habe es gerade im Radio gehört. Der sucht seine Mutter und den Vater. Ich habe mich nicht verhört. Es stimmt, Mutti!" Ich glaub', ich hatte einen Freudenschock. Ich rief es immer wieder, bis meine Mutter sagte: „Ulla, hör auf. Das kann nicht stimmen. Die sind doch alle nicht mehr am Leben." „Es stimmt aber, Mutti! Komm, wir gehen gleich zu Familie Huke hin. Die haben es auch gehört."

Wir gingen zu ihnen, und sie bestätigten es meiner Mutter. Da erst fielen wir uns beide in die Arme und konnten es gar nicht fassen, dass es so sein sollte. Die Frau Huke gab uns die Anschrift vom Suchdienst München. Wir bedankten uns für die Hilfe und liefen schnell nach Hause. Ich entschloss mich, auch gleich dort anzufragen, ob es auch unser Herbert ist. Ich ging zu der Oma Hofer, erzählte ihr die freudige Nachricht. Die konnte es nicht fassen und auch nicht glauben. Ich lief zu Inge hin und habe es allen erzählt, die ich schon kannte. Ein Glücksgefühl ohne Ende war in mir drin. Inges Mutter gab mir Schreibpapier und auch gleich die Briefmarke dazu. Ich lief zu meiner Mutter hin und sagte: „Mutti, ich schreibe jetzt sofort nach München, und nächste Woche haben wir bestimmt die Antwort, ob es stimmt." Ich war so aufgeregt darüber und wusste gar nicht, wie ich es nun schreiben sollte. Nach einer Weile ging es dann aber doch noch, und den Brief habe ich dann noch am selben Tag nach Schmölln zu Fuß zum Postamt gebracht. Es war gerade, als wenn ich einen Goldklumpen getragen hätte. Voll Glück kam ich in Weißbach an und ging zu Familie Huke, habe mich nochmal dafür bedankt, dass sie mich unterrichten und ich es durch Zufall im Radio gehört habe. Wenn ich da nicht gewesen wäre, hätte das ja keiner von uns beiden gehört, denn wir hatten ja gar kein Radio.

Als ich wieder bei meiner Mutter angekommen war, saßen wir beide im Bett und haben uns, froh über die Nachricht, in die Arme genommen und weinten vor Freude. Ich konnte es nicht begreifen. Am nächsten Tag war es das Tagesgespräch im ganzen Dorf. Die Familie Huke hatte vielen erzählt, was sich in ihrer Wohnung zugetragen hatte. Meine Mutter und ich konnten an nichts anderes mehr denken und hofften, nun bald eine Nachricht von München zu erhalten.

Viele Leute im Dorf fragten uns immer wieder, ob wir schon Nachricht vom Suchdienst hätten. In der Schule hatte ich Schwierigkeiten zu lernen, weil meine Gedanken immer bei Herbert waren. Für mich war er doch schon seit Jahren tot. Wieso war da auf einmal der Name im Radio? Ich verstand die ganze Situation nicht mehr und konnte es alles nicht begreifen und verarbeiten. Es war sehr schlimm für mich. Mutter sagte fast gar nichts und saß regungslos auf unserem Bett. Ich habe sie immer gefragt: „Mutti, kann das stimmen, dass unser Herbert lebt?" – „Ich weiß nicht, Ulla."

Ich glaube, es waren so vier Wochen vergangen, und dann kam der ersehnte Brief aus München mit der Bestätigung, dass es sich um unseren Herbert handelte. Ich schrie auf vor Freude, und beide hielten wir uns fest vor Glück, jemanden von unserer Familie gefunden zu haben. Den Brief haben wir uns immer wieder durchgelesen. Da stand es Schwarz auf Weiß, dass unser Herbert seit 1947 in Berlin bei Onkel Alwin, das ist der Bruder von Mutter, lebt, und wir sollten uns dorthin wenden. Die Anschrift von ihm war im Brief angegeben, und nun war es wirklich wahr. Ich hatte wieder einen Geschwisterteil zu erwarten und konnte es nicht glauben. Ich dachte an Tante Lise in Litauen, ob die uns nicht die ganze Wahrheit von meinen Geschwistern gesagt hatte? Nun habe ich erstmal an Onkel Alwin geschrieben, denn die wussten doch überhaupt nicht, dass wir noch da sind.

Ich zweifelte an der ganzen Sache und hatte auf einmal wieder große Angst, wenn es nun doch nicht mein Bruder Herbert ist und ich mich umsonst gefreut habe, jetzt endlich wieder einen Bruder zu haben. Ich war hin- und hergerissen über das alles. Den Brief an Onkel Alwin habe ich genau so freudig zum Postamt nach Schmölln gebracht und freute mich auf die Antwort, die da kommen wird. Meine Mutter war ganz traurig und sprach wenig über die ganze Sache. Ich wusste nicht, warum. Sie ging oft zu der Frau Bachmann hin und kam nach Stunden wieder. Frau Bachmann sagte mir dann, dass Mutter sehr oft weinen würde.

Nach ungefähr zwei Wochen kam die Post aus Berlin. Neugierig riss ich den Brief auf und es bestätigte sich die Wahrheit: Wir hatten unseren Herbert wieder gefunden. Weinend haben wir beide den Brief immer wieder gelesen. Herbert war 1947 von Königsberg als TBC-krankes Kind nach Berlin-Dahlem von den Russen gebracht worden. Er ist in Königsberg auf offener Straße von einer russischen Krankenschwester fast tot gefunden worden und in ein Krankenhaus gebracht worden. Er erhielt dann einen Vormund bei der Berliner Behörde, und die haben wohl alles Weitere dem Suchdienst München übergeben, sehr zum Glück für uns alle. So glaubten wir es, aber es sollte alles anders kommen.

Das große Problem war für uns, wir hatten überhaupt kein Geld, um überhaupt nach Berlin hinfahren zu können. Ich sagte dann zu meiner Mutter, wir gehen zum Bürgermeister Herrn Henkel. Der kann uns bestimmt eine Hilfe geben. Mein Gedanke war der richtige.

Mutter fuhr allein und ich war wieder mal ganz auf mich selbst gestellt und innerlich wie leer. Aber die Kinder in der Schule sprachen mir Mut zu. Meine Freundin Inge fragte mich jeden Tag: „Ulla, hast du schon was von deiner Mutter gehört?" Die Antwort war jeden Tag:

„Nein." Sie blieb über eine Woche weg, und dann tauchte sie wieder in Weißbach auf.

Freudig über alles war ich nun gespannt, was wohl meine Mutter aus Berlin für Neuigkeiten erzählen würde. Sie war aber sehr gereizt und schimpfte auf einmal los, worüber ich total erschrocken war. „Mutti, was ist passiert bei Onkel Alwin", wollte ich wissen, „und warum hast du den Herbert nicht mitgebracht?" Für mich brach plötzlich wieder eine Welt zusammen, hatte ich mich doch so auf meinen Bruder Herbert gefreut und nun das wieder. „Ulla", sagte meine Mutter, „den Herbert werden wir nicht wieder in unserer Familie haben können." Damit konnte ich überhaupt nichts anfangen. „Mutti, hast du den Herbert gesehen?", fragte ich voller Hoffnung. „Ja, bei Onkel Alwin habe ich ihn gesehen, aber er will mit mir nichts mehr zu tun haben. Er ist jetzt 13 Jahre alt und kann selber entscheiden, wo er aufwachsen und bleiben möchte. Er hat gesagt, dass er aus dem fahrenden Zug springen würde, wenn er noch mal dahin müsste, wo die Russen sind. Er sagte mit fester Stimme, er will bei Onkel Alwin für immer bleiben, und damit hat er mir als Mutter eine Absage auf ewig erteilt."

Ich konnte es nicht fassen, meinen Bruder wieder zu verlieren. Mein Innenleben war wie zerschlagen, und ich habe nur noch geweint. Meine Mutter war dagegen wie eine Mumie. Da bewegte sich nichts mehr. Sie saß da und starrte ins Leere.

„Mutti, warum habe ich wieder keinen Bruder?", fragte ich immer wieder.

Die Antwort war: „Ich weiß es auch nicht."

Epilog – Was danach geschah ...

Anfangs konnte ich die Gedanken an die vergangenen, schweren Jahre gar nicht loswerden. Die ganzen Gedanken gingen immer zurück nach Königsberg und Litauen. Es war alles ganz schwer für mich. An Kinderspielen, da konnte ich keinen Gefallen finden. Aber ich fand eine gute Freundin, und auch der Rektor Huke half mir weiter.

Bei der Familie Hofer wurde es immer schlimmer. Wir waren bettelarm, aber bei denen standen die Regale voll, da fehlte es an nichts, aber wir hatten nichts davon. Als das Konfirmationsfest immer näher rückte, da brauchte ich ein Kleid. Das gab es nur in der Kleiderkammer für mich. Aber ich war trotzdem stolz. Traurig war ich aber auch. Alle Konfirmanden kamen mit vielen Verwandten und ich hatte niemanden, nicht mal den Vater bei mir.

Bald musste ich auch die Schule beenden und bekam mein erstes Zeugnis im Leben. Ich schrieb es meiner Tante Agnes, die wohnte in Bielefeld in der Westzone. Sie war ganz glücklich über meinen Erfolg und schickte ein großes Paket.

Ich war nun 14 und sollte eine Berufslehre anfangen. Schneiderin wollte ich werden, aber da ließ sich nichts machen. Ich könnte aber Knopfmacherin in Schmölln werden, sagte man mir. Das tat ich und lernte alles, auch wenn es schwer war. Aber ich wollte einen guten

Abschluss erreichen, damit ich etwas Geld verdienen konnte.

Mit meiner Mutter kam ich immer schlechter zurecht. Wir stritten uns und Mutter war sehr unzufrieden mit dem Alltagsleben. Besonders schlimm war es Weihnachten. Es gab nichts, nur Äpfel, die so schön rot waren.

Ich freundete mich ein bisschen mit anderen an und entdeckte meine Liebe zum Sport. Besonders Leichtathletik mochte ich. Ich fuhr auch mal zu einem Wettkampf. Eines Tages sollte es nach Berlin gehen und ich habe gleich an meinen Bruder Herbert gedacht.

Als wir beide uns wiedersahen, lagen wir uns in den Armen und weinten. Es war alles so schwer zu verarbeiten. Dann aber wurden wir ruhiger und erzählten uns unsere Erlebnisse.

Ganz nebenbei wurde ich erwachsen. Ich lernte immer und meine Freizeit wurde weniger. Bald war das Kindsein ganz weg.

Zu dem, was um mich rum passierte, machte ich mir meine eigenen Gedanken. Über die Armut und die Marken, die Russen, die alles mitnahmen für ihr eigenes Volk und über die Parolen der neuen Zeit. Da musste ich immer an Königsberg denken. Damals die Hitlerjugendmärsche, jetzt die FDJ-Lieder. Es hörte sich fast genauso an, nur waren es alles andere Texte. Die Jugend lässt sich leicht umkrempeln.

In der Firma merkte ich, dass alle immer unzufriedener wurden. Mit der ganzen Leistung kamen sie nicht so zurecht. Sie wollten mehr Lohn. Wir Lehrlinge haben uns dazu aber nicht geäußert, damit es keine Unruhe gab.

Dann suchte ich eine neue Stelle, im Haushalt. Mutter hielt mich nicht auf. Aber auch dort kam ich nicht zur Ruhe. Ich wollte in den Westen. Andere hatten das doch auch geschafft. Nun stand mein Plan fest und es gab keinen Weg mehr zurück. Mit meiner Mutter habe ich den Plan ausgearbeitet und sonst niemandem was gesagt. Ich konnte mich nicht verabschieden.

Als Erstes gingen wir zu Onkel Alwin nach Berlin, aber der konnte uns nicht lange behalten. Im Lager Marienfelde wurden wir zugeteilt, wohin wir kommen sollten. Es ging nach Kempen / Krefeld. Im März 1954 kamen wir dort an. Dr Bürgermeister von Gefrath holte uns ab. Wir kamen in eine schäbige Baracke, es war für uns die Hölle. Ich ging gleich zum Arbeitsamt, um was zu finden. Ich machte alles. Es war schlimm, wenn die Leute mich beschimpften: „Dat sind die Russen oder Polen." Es war alles eine große Demütigung.

Wir bekamen keine Hilfe, nur einen Flüchtlingsausweis, aber da stand drauf, ich hätte auf nichts Anspruch.

Ich suchte mir wieder eine Sportgruppe. Ich durfte sogar eine Kindergruppe leiten. Die Kleinen waren alle ganz begeistert. Das war für mich der Beweis, dass ich alles gut machte.

Mit Mutter ging es schlecht. Sie schrie mich einmal an: „Wozu habe ich dich denn in die Welt gesetzt, wenn du nicht für uns arbeitest?" Für mich brach eine Welt zusammen.

Ich fand auch wieder Arbeit im Haushalt, aber ich bekam wenig. Ich kam mir vor wie eine Sklavin. Nur mein Sport half mir darüber hinweg. Da rutschte ich in ein nie gelebtes Leben hinein und ich merkte, dass es mir und meiner Seele anfing gut zu tun.

Einen Freund hatte ich aber nicht. Durch meine Erlebnisse in Königsberg hatte ich einen Horror in mir. Dann kam zu meiner Arbeit immer ein Bekannter von meinem Chef. Der hatte einen Sohn, Klaus, den brachte er auch mit. Der junge Mann lächelte mich an und unsere Blicke festigten sich. Es war, als hätten wir uns schon ewig gesehen. Sein Schicksal war auch sehr traurig. Wir trafen uns immer wieder und bald wollte er nicht mehr, dass ich mich kaputt arbeite.

Wir wollten heiraten am 4. Oktober 1958.

Unser gesunder Junge, ein kleiner Klaus, wurde 1959 geboren. Fortan hatte ich zwei Kläuse!

Die Last der Erinnerung
Ein Kommentar von PD Dr. Winfrid Halder

I.

Nein, das vorliegende Buch ist kein literarisches Meisterwerk. Man spürt beinahe in jeder Zeile, dass die Autorin nicht zu denjenigen zählt, denen das Schreiben eine geläufige Beschäftigung ist. Es ist unverkennbar, dass das Buch alles andere als leicht geboren wurde. Dies freilich nicht, weil die Autorin einen bestimmten künstlerischen Anspruch zu verwirklichen trachtete, sondern weil sie sich das Schreiben als solches abringen musste.

Kein literarisches Meisterwerk: Gerade dies macht die eigentümliche Stärke von Ursula Dorns Erinnerungen aus. Sie vergegenwärtigen mit einer stupenden Unmittelbarkeit die Erfahrungs- und Empfindungswelt einer Zehnjährigen vor über 60 Jahren, die durch künstlerische Raffinesse, durch literarischen „Anspruch" gleich welcher Art nur hätte verdorben werden können. Die Erlebnisse des Kindes aus der Endphase des Zweiten Weltkrieges und der ersten Nachkriegszeit treffen den Leser nahezu völlig „intellektuell ungefiltert" – und gerade daher so tief.

Es gibt sie ja längst, die Berichte derer, die kraft hoher Bildung und persönlicher Neigung zum Schreiben gewissermaßen prädestiniert, die Schrecken des Untergangs des alten Ostpreußen seit 1944/45 festhielten. Zu nennen sind hier insbesondere die Bücher von Hans Graf von Lehndorff (Ostpreußisches Tagebuch)[1] und Marion Gräfin Dönhoff (Namen, die keiner mehr nennt)[2]. Sie gehören zu Recht zu den bekanntesten, immer wieder angeführten Zeugnissen aus dieser Zeit. Beide freilich waren im Unterschied zu Ursula Dorn zum Zeitpunkt der Geschehnisse bereits junge, obendrein akademisch gebildete Erwachsene: Der junge Arzt Lehndorff (Jahrgang 1910)[3] und die studierte Ökonomin Dönhoff (Jahrgang 1909)[4] haben ihrerseits Entsetzliches miterlebt und in einer Art und Weise beschrieben, die keinen Leser unberührt lässt. Gleichwohl sind ihre Zeugnisse jeweils durch eine sehr bestimmte geistig-politische Haltung geformt. Im Falle Lehndorffs offenbart sich ein überzeugter evangelischer Christ, der als Angehöriger der regimekritischen „Bekennenden Kirche" in unüberbrückbarer Distanz zur nationalsozialistischen Gewaltherrschaft stand, und für den der Untergang seiner ostpreußischen Heimat Folge und zwangsläufiges Ergebnis der im deutschen Namen zuvor in der Sowjetunion und anderswo verübten zahllosen und monströsen Verbrechen war.[5] Dönhoff teilt diese zweifellos zutreffende Sicht, zugleich war es die Intention der zum Zeitpunkt der Veröffentlichung ihres Buches bereits zur einflussreichen Journalistin der „Zeit" herangereiften Gräfin die Unumkehrbarkeit des Verlustes der ehemaligen Ostgebiete des Deutschen Reiches zu unterstreichen – was zu Beginn der 1960er Jahre, als „Namen, die keiner mehr nennt" erstmals veröffentlicht wurde, nicht allein beim größten Teil der organisierten Vertriebenen in der Bundesrepublik noch auf heftigen Widerspruch traf.[6]

Nichts dergleichen findet sich bei Ursula Dorn. Bezeichnend ist, dass der Name Hitlers überhaupt nicht, der Stalins lediglich beiläufig genannt wird. Das Fehlen eines „politischen Hintergrundes" hat einerseits sicherlich mit der Herkunft der Autorin zu tun, die – wie man so sagt – aus „einfachsten Verhältnissen" stammt und wohl niemals in ihrem Leben den Hauch einer Chance hatte, eine Hochschule zu besuchen, was für Lehndorff und Dönhoff in Anbetracht ihrer adeligen, sehr begüterten Elternhäuser mehr oder weniger eine Selbstverständlichkeit war. Weitaus wichtiger als der unterschiedliche Bildungsgang aber dürfte etwas Anderes sein: Die Erinnerungen von Ursula Dorn waren offenbar jahrzehntelang hermetisch gewissermaßen „eingekapselt"; sie selbst hat es, so darf man wohl unterstellen, entschieden vermieden, daran zu rühren. Erstens dürfte dies dadurch begründet gewesen sein, dass es viele Jahre lang in der bundesrepublikanischen Öffentlichkeit – jenseits des marginalisierten Milieus der organisierten Vertriebenen – inopportun und unerwünscht war, „immer wieder diese ‚Greuelgeschichten' zu erzählen". Das hatte mit einem vollkommen missverstandenen Versöhnungswillen gegenüber unseren ostmittel- und osteuropäischen Nachbarn zu tun, mit der meist unausgesprochen präsenten Überzeugung, Verständigung sei leichter zu erreichen, wenn das Bekenntnis unabweisbarer deutscher Schuld mit dem Verschweigen von an Deutschen verübten Verbrechen einhergehe. Welch ein Irrtum.

Daran hat sich allerdings in jüngster Zeit Entscheidendes geändert: In der Erinnerungskultur der Bundesrepublik haben Flucht und Vertreibung und deren Begleitumstände im Rahmen eines komplexen Wandlungsprozesses in den letzten Jahren einen weitaus größeren Stellenwert erhalten, als dies zuvor lange Zeit der Fall gewesen ist.[7] Dies hat auch den offenen Dialog über Menschenrechtsverletzungen gegenüber Angehörigen der deutschen Zivilbevölkerung erleichtert.

Jenseits des erst jüngst veränderten Klimas im öffentlichen Erinnerungsdiskurs dürfte für Ursula Dorns langes Schweigen aber ein Zweites weit entscheidender gewesen: der Selbstschutz. Man muss beileibe kein Psychologe sein, um zu erahnen, dass man mit einem derartigen Erfahrungshintergrund, wie ihn das inzwischen zwölfjährige Mädchen in das Nachkriegsdeutschland mitbrachte, wahrscheinlich nur weiterleben konnte, wenn man die Tür der Erinnerung schloss und sorgsam darauf achtete, dass sie geschlossen blieb. Erleichtert hat ihr dies wohl – wie so vielen anderen auch – der Umstand, dass das (Über-)Leben zumindest im ersten Jahrzehnt nach 1945 die ganze Kraft des Einzelnen in Anspruch nahm. Darüber hinaus lebte Dorn in der Sowjetischen Besatzungszone und späteren DDR, in der schon von politischer Seite ein generelles, zwar nirgendwo offen formuliertes, dafür umso wirkungsvolleres Verbot bestand, über seitens der sowjetischen „Freunde" verübte Verbrechen zu sprechen.[8]

Ursula Dorn hat also geschwiegen bis in ihr achtes Lebensjahrzehnt hinein. Nun hat sie ihre Erinnerungen doch zu Papier gebracht – aber nicht eigentlich für ein „Publikum". Die Widmung an den Sohn und die Enkeltochter legt die Vermutung nahe, dass der hauptsächliche Antrieb darin bestand, sich vor allem den eigenen Nächsten besser verständlich zu machen. Andere Menschen mit vergleichbarem Schicksal haben dies jedenfalls angeführt, um so die Offenbarung ihrer Erinnerungen zu legitimieren[9], eine Offenbarung, die für sie selbst am allerschmerzlichsten und fern jeden Dranges zur Selbstdarstellung ist.

Das Ergebnis besteht naturgemäß in einem überaus persönlichen Buch. Die Autorin verdient Hochachtung für den Mut, mit dem sie Außenstehende, Fremde an ihren leidvollen Erfahrungen teilhaben lässt. Zweck des Buches ist nicht Voyeurismus, sondern Mahnung vor den Abgründen der menschlichen Versuchbarkeit zur Gewalt und den Konsequenzen, die stets auch ganz Unbeteiligte treffen. Der Autorin gebührt hoher Respekt, weil sie sich der Last der Erinnerung gestellt hat – und sie hoffentlich für sich ganz persönlich durch die ohne Zweifel im körperlichen und mehr noch im psychischen Sinne kräftezehrende Niederschrift wenn nicht leichter, so doch erträglicher gemacht hat.

Verlag und Lektorat verdienen Anerkennung für ihren behutsamen Umgang mit dem Manuskript: Sie haben auch da, wo der Text zuweilen ungelenk wirkt, der Versuchung widerstanden, ihn zu „glätten" und haben ihm gerade damit seine Eigenart belassen. Dadurch sind auch Formulierungen erhalten geblieben, die vor allem durch ihre ganz und gar ungekünstelte Direktheit anrührend wirken. So etwa, wenn die Autorin, nachdem sie grauenvolle Einzelheiten berichtet hat, zu dem Schluss kommt: „Meine kleine Seele hat dabei einen großen Knacks im Leben bekommen." (S. 44)

II.

Die von Ursula Dorn beschriebenen Erlebnisse umfassen in der Hauptsache den Zeitraum zwischen dem Sommer 1944 und dem Oktober 1948.

Ursula Dorn wurde 1935 in Königsberg geboren; die Stadt war damals bereits seit mehreren hundert Jahren die Hauptstadt der preußischen Provinz Ostpreußen.[10] Mit rund 370.000 Einwohnern war Königsberg nicht allein die mit Abstand größte Stadt der Provinz, sondern rangierte zugleich unter den 20 bedeutendsten deutschen Großstädten. Von direkten Kriegseinflüssen blieb die ostpreußische Metropole bis etwa zu dem Zeitpunkt, an dem der Bericht von Ursula Dorn einsetzt, dank ihrer geographischen Lage weitgehend unberührt.

Dann freilich traf sie der Krieg sogleich mit furchtbarer Wucht: Dorn erinnert sich etwas ungenau an einen großen Bombenangriff, tatsächlich waren es zwei nächtliche Attacken, welche von der britischen Luftwaffe am 26./27. und am 29./30. August 1944 geflogen wurden. Die historische Innenstadt Königsbergs einschließlich Schloss und Dom wurde bereits fast vollständig zerstört, die gesamte Stadt zu etwa 40 % in Schutt und Asche gelegt; rund 4.600 Einwohner kamen ums Leben.[11]

Der von Ursula Dorn beschriebene Bordwaffenbeschuss durch sowjetische Kampfflugzeuge hat sich erst einige Zeit später eingestellt. Inzwischen drohte Königsberg neben den Angriffen aus der Luft noch ein ganz anderes Verhängnis: Mitte Oktober 1944 hatten Einheiten der Roten Armee bei ihrem Vormarsch, den die deutsche Wehrmacht nicht mehr dauerhaft zu stoppen vermochte, erstmals die Grenze des Deutschen Reiches überschritten.

Nunmehr profitierte Ostpreußen endgültig nicht mehr von seiner Lage als östlichste Provinz, vielmehr entluden sich hier die Wut und das Rachebedürfnis der Soldaten aus der zuvor von deutscher Seite so furchtbar heimgesuchten Sowjetunion zumeist völlig ungehemmt, ja zeitweilig von der Führung unter Stalin sogar gezielt angeheizt.[12] Schon bei dem ersten Vorstoß bis in die Gegend von Gumbinnen (rund 100 km östlich von Königsberg) kam es zu entsetzlichen Ausschreitungen gegen Teile der nicht rechtzeitig geflohenen Zivilbevölkerung.[13]

Ursula Dorn macht ihrer Mutter offenbar noch immer zum Vorwurf, dass sie nicht beizeiten die Flucht aus der Stadt angetreten hat. Rückblickend kann man der Mutter das Zögern jedoch kaum verdenken, denn einerseits musste sie natürlich einen möglichen Zufluchtsort im Blick haben – und einen solchen hat es aus ihrer Perspektive vielleicht gar nicht gegeben. Andererseits versicherte die NS-Führung – allen voran der NSDAP-Gauleiter Erich Koch – immer wieder, Königsberg werde auf jeden Fall gehalten und es sei nur Frage der Zeit, bis die feindlichen Truppen aus ganz Ostpreußen wieder zurückgeschlagen sein würden. Schließlich gab es vielerorts ausdrückliche Fluchtverbote seitens der Parteistellen für die Masse der Zivilbevölkerung; dies galt auch für Königsberg. Eine schleichende Fluchtbewegung unter Umgehung der offiziellen Verbote (z. B. unter dem Deckmantel von Verwandtenbesuchen) führte trotzdem dazu, dass Ende 1944 nur noch etwa 250.000 Menschen in der Stadt lebten.[14]

Wie vollkommen illusionär die Annahme war, die Rote Armee könne doch noch gestoppt werden, mag vielen erst nach Beginn der letzten Winteroffensive der Sowjets Mitte Januar 1945 bewusst geworden sein. Binnen weniger Tage war der größte Teil Ostpreußens mit Königsberg vom restlichen Reichsgebiet abgeschnitten, da sowjetische Verbände in einer großen Umgehungsoperation bei Elbing (etwa 100 Kilometer südwestlich von Königsberg) bis an die Ostsee vorgestoßen waren.

Seit dem 23. Januar 1945 war ein Verlassen der Stadt nur noch über den Hafen Pillau und dann auf dem Seeweg über die Ostsee oder auf noch gefährlichere Art und Weise, nämlich durch eine Überquerung des zugefrorenen Frischen Haffs (also zumeist zu Fuß über das Eis des Ostseearms südwestlich von Königsberg) möglich. Zehntausende Königsberger unternahmen dennoch den verzweifelten Versuch, aus der Stadt zu entkommen. Da die sowjetischen Truppen den Belagerungsring um die am 27. Januar zur „Festung" erklärte Stadt rasch enger zogen, bestanden bald auch diesen Möglichkeiten nicht mehr. Der Stadtkommandant General Lasch hat – getreu Hitlers Befehl – Königsberg bis zum 9. April 1945 mit allen verfügbaren Mitteln verteidigen lassen, ungeachtet der Tatsache, dass sich noch immer schätzungsweise 120.000 Zivilpersonen in der Stadt aufhielten.[15] Infolgedessen erlebte die zurückgebliebene Bevölkerung, wie auch Ursula Dorn beschreibt, die mörderischen Kämpfe um die Stadt mit, in deren Verlauf es durch den Beschuss mit Artillerie und anderen Waffen ungezählte Todesopfer gab und weitere schwere Verwüstungen entstanden. Erich Koch indessen hatte sich längst Richtung Westen abgesetzt.[16]

General Lasch kapitulierte mit seinen Soldaten erst am 9. April 1945 – die an Königsberg vorbei vorgestoßene Masse der Roten Armee stand schon entlang der Oder, bereit zum letzten Angriff auf Berlin; der Widerstand in der Stadt war also militärisch völlig sinnlos gewesen.[17] Als die sowjetischen Soldaten in die Reste der ostpreußischen Kapitale eindrangen, kam es wiederum zu furchtbaren Ausschreitungen gegen alle dort angetroffenen Menschen, gleichviel ob es sich um verwundete Soldaten, alte Männer, Frauen oder Kinder handelte.

Ursula Dorn hat das Unbeschreibliche zu beschreiben versucht. Auch die von ihr miterlebte ziellos erscheinende, mehrere Wochen andauernde Austreibung der einstweilen Überlebenden aus der Stadt war Tatsache. Bis heute ist nicht geklärt, was die Sieger damit eigentlich bezweckten, dass sie Zehntausende zwangen, erst Königsberg zu verlassen, um sie später wieder in das Trümmerfeld zurückzuleiten, das geblieben war – systematische Brandstiftungen hatten das Zerstörungswerk inzwischen nahezu vollendet.[18]

Nach sowjetischen Quellen lebten in Königsberg am 1. September 1945 noch etwas mehr als 68.000 Menschen[19], darunter kaum arbeitsfähige erwachsene Männer. Für die Masse der verbliebenen Frauen und Kinder deutscher Staatsangehörigkeit gab es keinerlei geregelte Versorgung mit Lebensmitteln und anderen notwendigen Gütern wie etwa Medikamenten. Anders als zeitgleich in der Sowjetischen Besatzungszone weiter westlich behielt die Siegermacht nicht das bestehende Rationierungssystem bei, sondern überließ die verbliebene Bevölkerung der Stadt und Ostpreußens im allerorten vorhandenen Chaos der Zerstörung sich selbst – außer Tausenden, vor allem Frauen, die zu Arbeitseinsätzen ohne jede Rücksicht regelrecht von den Straßen weg zusammengefangen wurden.

Die Furcht von Ursula Dorns Mutter, selbst zwangsverpflichtet zu werden, war alles andere als unbegründet. Die Arbeitskräfte sind zum Teil mehr oder weniger ortsnah überwiegend in der Landwirtschaft eingesetzt worden, welche von den Siegern in erster Linie zur Versorgung der eigenen Truppen wieder aufgenommen wurde, allerdings in drastisch verringertem Umfang gegenüber der Zeit zuvor. Eine große Zahl von deutschen Arbeitskräften ist jedoch auch in die Sowjetunion deportiert worden.[20]

Die Art und Weise des Umgangs mit dem Rest der Zivilbevölkerung war vermutlich durch eine gewisse Unschlüssigkeit der sowjetischen Führung bedingt, wie in Zukunft mit dieser zu verfahren sei. Zwar stand bereits seit der Potsdamer Konferenz der alliierten Hauptsiegermächte (17. Juli – 2. August 1945) fest, dass der nördliche Teil der bisherigen Provinz Ostpreußen einschließlich Königsbergs an die UdSSR übergehen würde.[21] Ob man die Reste der deutschen Bevölkerung dort belassen würde, blieb allerdings vorerst unklar. Insofern fällt die schreckliche, von Ursula Dorn beschriebene Zeit des allgegenwärtigen Hungers in die kurze Phase der unmittelbaren Nachkriegszeit, in der es noch keine systematische Vertreibung aus dem sowjetisch besetzten Teil Ostpreußens gab. Andererseits gab es aber auch praktisch keine Möglichkeit, legal nach Westen in Richtung des besetzten Rest-Deutschland zu ziehen.

Mit dem unmittelbar drohenden Hungertod konfrontiert, versuchten viele Menschen – so wie Ursula Dorn und ihre Mutter auch – nach Litauen zu gelangen, in der Hoffnung dort bessere Überlebenschancen zu haben. Die litauische Stadt Kaunas, in die Ursula Dorn zunächst mehr oder weniger zufällig gelangte, liegt rund 220 Kilometer nordöstlich von Königsberg. Da unter den Umherziehenden auch viele Kinder und Jugendliche waren, die in den Kriegswirren ihre Eltern verloren hatten, entstand der Begriff der „Wolfskinder".[22]

Tatsächlich waren die landwirtschaftlichen Verhältnisse und damit auch die allgemeine Versorgungslage in Litauen um diese Zeit günstiger als im benachbarten Ostpreußen. Zwar war auch hier der Krieg hindurchgezogen, allerdings war es nicht zu einem derart verheerenden Ausmaß an Verwüstungen gekommen. Die litauische Bevölkerung war im Wesentlichen an ihren Wohnorten verblieben, auch nachdem die deutsche Wehrmacht das Land geräumt hatte und die Rote Armee eingezogen war. Dadurch blieben die agrarischen Strukturen weitgehend intakt. Dies versetzte die Litauer in die Lage, den bettelnd umherziehenden deutschen Kindern und Erwachsenen Hilfe zu leisten – wozu sie, wie Ursula Dorn beschreibt, vielfach auch bereit waren.

Gleichwohl war Litauen in der Nachkriegszeit, dies geht ebenfalls aus Dorns Bericht hervor, alles andere als ein Hort des Friedens und der Sicherheit. Das Land hatte, nach rund anderthalb Jahrhunderten Zugehörigkeit zum russischen Zarenreich, infolge des Ersten Weltkrieges seine Unabhängigkeit errungen. Diese ging jedoch bereits 1940 wieder verloren: Der Hitler-Stalin-Pakt vom August 1939 hatte Litauen der sowjetischen Einflusssphäre zugewiesen; daraufhin wurde das Land 1940 von der Roten Armee besetzt und der UdSSR angegliedert. Das stalinistische Regime ging brutal vor allem gegen die litauischen Eliten vor. Als im Sommer

1941 die deutsche Wehrmacht im Zuge des Angriffs auf die Sowjetunion ihrerseits Litauen besetzte, wurde ein Besatzungsregime errichtet, das dem sowjetischen an Brutalität nicht nachstand. Die 1944 zurückgekehrte Rote Armee sorgte dann für die Wiedererrichtung der „Litauischen Sozialistischen Volksrepublik". Es wurde erneut ein Willkürregiment geschaffen, das mit rücksichtsloser Gewalt gegen alle tatsächlichen oder vermeintlichen Eigenständigkeitsbestrebungen von litauischer Seite vorging.[23]

Ursula Dorn berichtet von der Furcht der Bevölkerung vor den Verhaftungsaktionen des sowjetischen Geheimdienstes. Zehntausende Litauer sind damals in das sowjetische Straflagersystem deportiert worden, Tausende andere traten zwangsweise den Weg ins Exil an. Bis etwa Mitte der 1950er Jahre gab es auch bewaffneten Widerstand von litauischer Seite gegen das stalinistische Regime. Dieser wurde allerdings unter Einsatz massiver militärischer Mittel gebrochen.[24] Dass Ursula Dorn und viele andere von litauischen Menschen Hilfe erhielten, ist also kaum hoch genug einzuschätzen. Denn diese Helfer wussten, dass sie sich selbst in hohem Maße gefährdeten, wenn sie den verfolgten Deutschen beistanden. Dass diese Hilfe nicht immer ganz uneigennützig gewährt, sondern auch die billige Arbeitskraft der Heimatlosen genutzt wurde, schmälert diesen Verdienst letztlich nur wenig.

Der Umstand, dass Ursula Dorn und ihre Mutter nicht nur überlebten, sondern sogar, nachdem sie schließlich doch von sowjetischen Soldaten aufgegriffen worden waren, in einem Eisenbahntransport mit anderen Deutschen ostpreußischer Herkunft nach Thüringen gelangten, grenzt zweifellos an ein Wunder. Inzwischen hatte sich die Führung der UdSSR entschlossen, die noch verbliebene deutsche Bevölkerung aus dem ihr zugefallenen Teil Ostpreußens restlos zu vertreiben. Königsberg war im Juli 1946 in Kaliningrad umbenannt worden, um seine künftige dauerhafte Zugehörigkeit zur UdSSR zu unterstreichen. Die Hungersnot – in deren Verlauf es sogar zu Fällen von Kannibalismus kam – hatte zusammen mit den damit verbundenen epidemischen Krankheiten rund 100.000 Menschen das Leben gekostet.

Mit den von sowjetischer Seite organisierten Transporten gelangten 1947/48 circa 25.000 überlebende Königsberger in die sowjetische oder eine der drei westlichen Besatzungszonen in Rest-Deutschland.[25] Ursula Dorn und ihre Mutter müssen mit einem der letzten Transporte überhaupt gefahren sein.

Winfrid Halder

PD Dr. Winfrid Halder wurde 1962 in Dinslaken (Nordrhein-Westfalen) geboren und wuchs in Oberbayern auf. Von 1984–92 studierte er Geschichte und Politikwissenschaft in München und Freiburg im Breisgau. Nach dem Magister Artium (1989) und der Promotion (1992) war er von 1993–2003 wissenschaftlicher Assistent bzw. Oberassistent am Lehrstuhl für Wirtschafts- und Sozialgeschichte der TU Dresden. 1999 habilitierte er sich, 2003–07 hatte er eine Professur-Vertretung inne bzw. war er Lehrbeauftragter an der TU Dresden. Seit 2006 ist Winfrid Halder Direktor der Stiftung Gerhart-Hauptmann-Haus in Düsseldorf und seit 2008 Privatdozent an der Heinrich-Heine-Universität Düsseldorf.

Kontakt:
Stiftung Gerhart-Hauptmann-Haus
Deutsch-osteuropäisches Forum
Bismarckstraße 90
40210 Düsseldorf • Deutschland
Tel. +49 (0)211 / 16 991-12 od. -14
Fax +49 (0)211 / 353 118
E-Mail: halder@g-h-h.de
Website: www.g-h-h.de

Anmerkungen

1. Vgl. Lehndorff, Hans Graf von: Ostpreußisches Tagebuch. Aufzeichnungen eines Arztes aus den Jahren 1945–1947, München 1961 [in einer anderen Ausgabe bereits 1960 erstmalig erschienen, seither mehrfach neu aufgelegt].
2. Vgl. Dönhoff, Marion Gräfin von: Namen, die keiner mehr nennt. Ostpreußen – Menschen und Geschichte, Düsseldorf 1962 [seither zahlreiche Auflagen].
3. Vgl. Kock, Erich: Chronist des „nüchternen Mundes", in: Die politische Meinung Nr. 366/Mai 2000, S. 74–76; S. 74.
4. Vgl. Kuenheim, Haug von: Marion Dönhoff, 4. Aufl., Reinbek bei Hamburg 2003, S. 8 ff.
5. Vgl. Kock, Chronist, S. 75.
6. Vgl. Kuenheim, Dönhoff, S. 94 ff.
7. Vgl. Hirsch, Helga: Flucht und Vertreibung. Kollektive Erinnerung im Wandel, in: Aus Politik und Zeitgeschichte B 40/41/2003, S. 14–26; S. 14 ff.
8. Vgl. Schwartz, Michael: Der historische deutsche Osten in der Erinnerungskultur der DDR, in: Gauger, Jörg-Dieter/Kittel, Manfred (Hg.): Die Vertreibung der Deutschen in der Erinnerungskultur, St. Augustin 2005, S. 69–84; S. 69 ff.
9. Vgl. z. B. Sumowski, Hans-Burkhard: „Jetzt war ich ganz allein auf der Welt". Erinnerungen an eine Kindheit in Königsberg 1944–1947, München 2007, S. 7 ff.
10. Vgl. Manthey, Jürgen: Königsberg. Geschichte einer Weltbürgerrepublik, München 2006 [TB-Ausgabe], S. 16 ff.
11. Vgl. Manthey, Königsberg, S. 667.
12. Vgl. Halder, Winfrid: Im Teufelskreis der Gewalt. Sowjetische Soldaten und deutsche Zivilbevölkerung 1944/45. Anmerkungen zu neueren Forschungsergebnissen, in: Deutschland-Archiv 5/2007, S. 815–823; S. 815 ff.
13. Vgl. Franzen, K. Erik: Die Vertriebenen. Hitlers letzte Opfer, München 2002 [TB-Ausgabe], S. 40 f.
14. Vgl. Franzen, Vertriebene, S. 81 ff.
15. Vgl. Manthey, Königsberg, S. 669 ff.
16. Vgl. Knopp, Guido/Tewes, Annette: Die Eingeschlossenen, in: Knopp, Guido: Der Sturm. Kriegsende im Osten, München 2004, S. 68–117; S. 68 ff.
17. Vgl. Zeidler, Manfred: Kriegsende im Osten. Die Rote Armee und die Besetzung Deutschlands östlich von Oder und Neiße, München 1996, bes. S. 83 ff.
18. Vgl. Manthey, Königsberg, S. 671 f.
19. Vgl. Kibelka, Ruth: Ostpreußens Schicksalsjahre 1944–1948, Berlin 2004, S. 46.
20. Vgl. Franzen, Vertriebene, S. 91 ff.
21. Vgl. Benz, Wolfgang: Potsdam 1945. Besatzungsherrschaft und Neuaufbau im Vier-Zonen-Deutschland, 3. Aufl., München 1994, S. 93 ff.
22. Vgl. Kibelka, Ruth: Wolfskinder. Grenzgänger an der Memel, Berlin 1996, bes. S. 81 ff.
23. Vgl. Butenschön, Marianna: Litauen, München 2002, S. 94 ff.
24. Vgl. Butenschön, Litauen, S. 102 ff.
25. Vgl. Manthey, Königsberg, S. 673 ff.

Kooperationspartner

Stiftung
Gerhart-Hauptmann-Haus
Deutsch-Osteuropäisches Forum

Im Herzen Düsseldorfs, direkt in der Nähe des Hauptbahnhofs liegt die Stiftung GERHART-HAUPTMANN-HAUS - DEUTSCH-OSTEUROPÄISCHES FORUM. Die Stiftung bietet der Öffentlichkeit ein vielfältiges kulturelles Veranstaltungsprogramm und dient als Tagungs- und Begegnungsstätte mit internationalen Gästen. Die Bibliothek der Stiftung steht allen interessierten Nutzern zur Verfügung. Der Schwerpunkt der rund 80.000 Medien umfassenden Sammlung liegt auf Publikationen zu Kultur und Geschichte der ehemaligen deutschen Ost- bzw. Siedlungsgebiete wie auch zu Gegenwartsfragen in Ostmittel- und Osteuropa.

Adresse	Bismarckstr. 90 • 40210 Düsseldorf	
Kontakt	Telefon	0211 / 16 99 10
	Fax	0211 / 35 31 18
	Email	info@g-h-h.de
	Internet	www.g-h-h.de

Eine Stiftung
des Landes
Nordrhein-Westfalen

Museum Stadt Königsberg
– Stiftung Königsberg –
im Stifterverband für die Deutsche Wissenschaft

Geschichte und Kultur einer europäischen Metropole
Museum • Archiv • Bibliothek • Königsberger Einwohnerkartei

Das **Museum Stadt Königsberg** in Duisburg entstand 1968 und geht auf die Übernahme der Patenschaft der Stadt Duisburg für Königsberg (Pr) im Jahre 1951 zurück. Seit 1992 liegt es in unmittelbarer Nähe des Duisburger Rathauses.

Die **Dauerausstellung** erinnert an besondere Ereignisse der Stadtgeschichte, an Handel und Wirtschaft, an die Universität und wichtige kulturelle Institutionen sowie an die Landschaft Ostpreußen und an die Stadt.

Wechselausstellungen beziehen sich auf die Präsentation von Werken Königsberger Künstler, auf die Darstellung von Leben und Werk wichtiger Persönlichkeiten.

Besonders umfangreiche **Sammlungen** beziehen sich auf Immanuel Kant, Käthe Kollwitz, E.T.A. Hoffmann sowie auf die Nachlässe des Dichters Ernst Wiechert und des Komponisten Otto Besch.

Museum Stadt Königsberg
Karmelplatz 5 • 47051 Duisburg
Telefon: 0203/283 21 51 • Fax: 0203/930 48 24
E-Mail: buero@museumkoenigsberg.de
Website: www.museumkoenigsberg.de

Öffnungszeiten:
Di. Mi. Do. Sa. 10 – 17 Uhr • Fr. 10 – 14 Uhr • So. 10 – 18 Uhr

Museumseingang:
Museum der Stadt Duisburg • Johannes-Corputius-Platz 1

Unentgeltliche Einschaltung

Ursula Dorn
Das Wolfskind auf der Flucht

Verlag edition riedenburg
ISBN 978-3-902647-30-6
156 Seiten, 15 Farbtafeln
mit Fotos und historischen
Dokumenten • Paperback

Im Buchhandel in Deutschland,
Österreich und der Schweiz

Im Winter fanden wieder die Zirkelabende von der FDJ statt. Aber die meisten Dinge dort berührten mich überhaupt nicht, so zum Beispiel Marx und Engels, Liebknecht und Luxemburg, Lenin und Stalin. Ich hatte andere Sorgen: Wie überleben wir das alles, war meine wichtigste Frage.
Von mir wollten die Anderen oft wissen, was ich in Königsberg und Litauen erlebt hatte. Manchmal habe ich gesagt, dass ich nicht immer darüber sprechen kann, weil all die furchtbaren Erinnerungen wieder in mir hochkamen und ich alles nachts wiedererlebte. Aber ich schwieg auch aus einem anderen Grund: Es war offiziell verboten, über ‚Flüchtlinge', ‚Heimatvertriebene' oder gar ‚Wolfskinder' zu sprechen. Der Staat bezeichnete uns als ‚Übersiedler' und betonte, dass wir freiwillig in die DDR gekommen seien.

Leseprobe und komplettes Inhaltsverzeichnis
der Wolfskind-Fortsetzung im Internet unter:

editionriedenburg.at

www.ingramcontent.com/pod-product-compliance
Lightning Source LLC
Chambersburg PA
CBHW020935230426
43666CB00008B/1689